거인들은
주역에서
답을 찾는다

HITO WO MICHIBIKU SAIKYO NO OSHIE "EKIKYŌ"
Copyright © Koichi Ogura 2023

Original Japanese edition published by Nippon Jitsugyo Publishing Co., Ltd.
Korean translation edition published by Woongjin Think Big Co., Ltd. in 2024
by arrangement with Nippon Jitsugyo Publishing Co., Ltd.
through The English Agency (Japan) Ltd. and Danny Hong Agency

이 책의 한국어판 저작권은 대니홍 에이전시를 통해 Nippon Jitsugyo Publishing와
독점 계약한 주식회사 웅진씽크빅이 소유합니다.
저작권법에 의하여 한국 내에서 보호를 받는 저작물이므로 무단 전재 및 복제를 금합니다.

거인들은 주역에서 답을 찾는다

부와 운을 끌어당기는 불변의 인사이트

오구라 고이치 지음

류휘 옮김 | 김승호 감수

웅진 지식하우스

일러두기

1 이 책은 국립국어원 표준국어대사전의 표기법을 따랐으나, 일부 용어의 경우 통상의 발음을 따른 경우가 있다.
2 본문 중 각주는 모두 옮긴이 주다.
3 국내 번역 출간된 책은 한국어판 제목으로 표기했으며, 미출간 도서는 원어를 병기했다.

『주역(周易)』

동양 고전의 하나로, 『역경(易經)』이라고도 한다. 고대 중국에서 농사를 지배하는 하늘의 이법과 땅의 이치를 밝게 알려주는 점서로 전해지다가 주나라 때 유교의 경전이 되었다. 공자는 50세 이후 만년에 시간과 정력을 『주역』 연구에 매진했으며, 우리나라에는 삼국시대 무렵 전래되어 퇴계와 정약용 등이 저술을 통해 이해의 폭을 넓혔다.

"공자 말하기를, 대저 주역은 무엇을 하는 것인가?
무릇 주역은 만물을 개발하여 임무를 완성하는(開物成務) 천하의 도를
갖추린 것이니 이와 같을 따름인지라.
그런 까닭으로 성인이 천하의 뜻(志)을 통달하여
천하의 사업을 결정하며, 천하의 의심을 판단하느니라."

— 『주역』 '계사전' 상 11장

시작하며

『주역』에는 이 세상에서 일어날 법한 모든 일이 쓰여 있다

 『주역』은 요즘 유행하는 성공 법칙과 비교하면 비상식적으로 느껴질지도 모른다. 하지만 『주역』은 기원전부터 오늘날까지 전해져온 노하우다. '시류에 편승한 자는 시류에 따라 멸한다'라는 진리를 증명하듯 3,000년이 넘는 역사의 풍파 속에서도 살아남은 『주역』에는 흔들림 없는 무언가가 있다.

 『주역』의 가르침을 제대로 이해하고 올바른 순서대로 실천하면 놀랄 만한 결과를 얻을 수 있다. 필자의 일상도 『주역』을 배우기 전과 후가 백팔십도 달라졌다. 일과 가정을 비롯해 인생 전반에 걸친 고민과 방황이 사라지고 하나

하나 이해해나감으로써 일상이 빛나기 시작했다. 10년 넘게 『주역』을 꾸준히 공부해온 필자가 직접 경험한 실화다. '정말일까?' 하고 의구심을 품는 것도 당연하다. 물론 사고방식 하나 바꾼다고 해서 갑자기 운이 트일 리 없다. 살짝 예고하자면 행운과 불운을 다루는 방식을 바꾸고 자문자답해 납득할 만한 답을 미리 도출해내는 것뿐이다. 이 정도만 해도 인생은 크게 바뀐다. 바로 이 점이 『주역』에서 전하고자 하는 내용이다.

필자는 과거 담당했던 사업이 실패하며 직장에서 설 자리를 잃었다. 당시에 '나는 못난 리더다', '내 인생은 이제 끝이다'라고 생각했다. 다 타버리고 남은 하얀 재 같았다. 그렇게 실의에 빠졌을 때 『주역』을 접하게 됐고, 자문자답하는 나날을 보내면서 깨달은 사실이 있다. 다 타버리고 남은 하얀 재 속에 『주역』에서 말하는 미래에 대한 희망이 있었다는 점이다.

먼저 인생의 본질을 파악하는 일부터 시작했다. 무언가의 본질을 파악한다는 것은 "도대체 그것은 무엇인가?"라는 질문에 답하는 일이다. '인생'이란 무엇인가? 인생은 결단의 연속이다. 섭취한 음식이 신체를 만들 듯 우리가 내린 결단이 우리의 인생을 만든다. 행복해질지 여부는 모두 자신의 결단에 달려 있다. 아무리 인공지능이 발달했다 해도 결단만큼은 사람이 스스로 내려야 한다. 결단을 그르치고 싶지 않기에 가능한 한 미리 미래를 예측하고자 한다. 바로 이 절실한 마음이 『주역』의 원점이다.

『주역』은 기원전 중국의 왕들이 결단이라는 무거운 책임을 다하기 위해 재력과 권력을 총동원해 정리한 노하우의 집대성이다. 오늘날 우리가 책을 통해 그 결과물을 온전히 읽을 수 있다는 사실은 실로 행운이다.

그렇다면 인생을 크게 좌우하는 '행운과 불운'이란 과연 무엇일까? 『주역』에서는 행운과 불운을 하늘의 순환이자 떼려야 뗄 수 없는 것이라고 말한다. 사람의 뜻대로 되는 일이 아니고 마치 앞뒤로 뒤집히며 팔랑팔랑 춤추듯 떨어지는 낙엽과도 같다. 사람이 할 수 있는 일은 행운을 되도록 오랫동안 유지하고 불운을 최소화하는 정도다. 불운을 '천재(天災)'라 하고 그 뒤에 잘못된 대응이 초래하는 불운을 '인재(人災)'로 구분했을 때 천재는 피할 수 없으나 인재는 피할 수 있다고 생각하는 것처럼 말이다.

이러한 사고방식을 갖추기 위해서는 행운과 불운을 예

측하는 기술이 필요하다. 『주역』에서는 우선 '양과 음'의 이진법에 기반해 2의 6승(2^6), 즉 64개의 패턴 변화를 가정했다. 그리고 각각의 시간, 공간, 성장 단계, 입장 차이 등 다양성에도 대응하기 위해 6단계 구조로 세밀하게 내용을 짜서 64×6, 384개의 결단 패턴을 완성했다. 이처럼 행운과 불운의 변화를 어느 정도 예측해 각각의 패턴에 최적의 대응책을 준비할 수 있도록 만들었다.

불운을 예측한다 해도 계속 걱정만 하고 싶지는 않을 것이다. 그렇다고 후회하고 싶지도 않을 것이다. 어느 쪽이 더 괴로운가? 후회는 고통스럽다. '소 잃고 외양간 고친다'라는 말도 있지만 만약 미리 '후회'할 수 있다면 피해를 최소화할 '예방'이 가능해진다. 다시 말해 '후회를 먼저 하라'는 의미다. 이미 일어난 일이라면 어쩔 수 없지만, 일이 일어나기 전이라면 어떻게든 손을 써볼 수는 있다. 사전에 여러모로 대책을 마련하거나 준비할 시간도 벌 수 있다.

마지막으로 '행복'이란 무엇일까? 행복이란 자기 삶의 방식을 스스로 납득하는 일, 즉 '자신의 인생을 스스로 결정할 수 있는 자세' 그 자체다. 이렇게 정의하면 회사에서 승진하는 일, 성공을 거두어 칭송받는 일, 부자가 되어 남들에게 대접을 받는 일 등은 모두 행복에 해당하지 않는다. 이러한 일들은 전부 '타인이 정한 기준'에 따른 것이기 때문이다.

이 책에서는 이해를 돕고자 비극적인 예도 다수 다루었다. 모두 뒷전으로 미루고 인간관계나 건강을 망쳐가면서까지 목표를 달성했으나 인생의 말로에 '내가 생각한 행복은 이게 아니었다'라며 슬퍼하는 사람이 적지 않다.

행복해지기 위해서는 무엇보다 최종 평가를 타인에게 맡기지 말아야 한다. 이를 위해서는 자문자답하는 습관을 들여야 한다. 『주역』은 바로 그럴 때 활용할 수 있다. 『주역』이 준비한 질문에 대해 자문자답하는 습관을 들이면 앞으로 일어날 일을 미리 대비할 수 있다. 그렇게 되면 선조들이 저지른 실수를 반복하지 않을 뿐 아니라 선조들이 습득한 성공 패턴을 재구성하는 일도 가능하다.

역사적으로도 『주역』을 익힌 선조들은 주변 사람들을 행복으로 이끌고 자신도 이를 통해 행복한 인생을 영위했다. 『주역』에는 명언을 비롯한 다양한 이야기가 실려 있어 지도자는 '행복이란 무엇인가?' 같은 추상적 사유에 대해서도 여러 사람들에게 쉽게 전할 수 있었다.

원한다면 점을 통해 미래에 일어날 패턴을 가시화해 다가올 미래를 어떻게 준비할지 함께 논의하는 것도 가능하다. 『주역』의 구조를 이해하면 '역점(易占)'에 대한 지식도 어느 정도 쌓을 수 있기 때문이다.

이 책을 선택한 독자들이 자신과 타인을 행복으로 이끌고, 이를 통해 미래에 대한 희망을 그릴 수 있게 된다면 정말 기쁠 것이다.

오구라 고이치

차례

시작하며 『주역』에는 이 세상에서 일어날 법한 모든 일이 쓰여 있다 … 7
『주역』을 공부하기 전에 어떻게 읽고, 무엇을 새길 것인가 … 21

1부 성장
부족할 때가 비로소 발전할 때다

01 화수미제 火水未濟 … 46
일이 완성에 가까워지면 새롭게 펼쳐질 미래에 대비하라

02 수화기제 水火旣濟 … 52
성과에 만족하지 말고 다른 곳에서도 통용될 새로운 배움에 시선을 돌려라

03 수택절 水澤節 … 58
크게 성장하기 위해서는 절도를 갖추고 반성하며 충분히 준비하라

04 풍천소축 風天小畜 … 62
기대만큼 성과가 나오지 않더라도 절대 변명하지 않는다

05 **수뢰준** 水雷屯   67
새로운 도전에는 고통이 동반되나 포기하지 않는 한 실패하지 않는다

06 **화산려** 火山旅   73
여행은 고독하나 귀한 식견을 얻을 수 있으니 여행하는 인생을 살아라

07 **산수몽** 山水蒙   80
늘 자신의 미숙한 점을 찾아내고 배울 상대를 찾아 가르침을 얻어라

2부 연결

승자는 나를 위해 남을 살핀다

08 **지산겸** 地山謙   86
하루빨리 활약하고 싶다면 과거의 경험과 지식은 잊어라

09 **풍화가인** 風火家人   92
문제가 생겼을 때일수록 곁을 지켜주는 사람을 떠올려라

10 **태위택** 兌爲澤   97
타인을 칭찬할 때는 말실수하기 쉽다

11 **택산함** 澤山咸   103
협상은 연애와도 같은 것, 상냥하고 부드럽게 상대방을 감동시켜라

12 **손위풍** 巽爲風   107
원활한 인간관계를 위해서는 바람처럼 부드럽게 미소 지어라

13 **천화동인** 天火同人   113
뜻을 공유하고 열린 마음으로 대화하면 팀은 강해진다

3부 성공

능력을 기르면 권력은 저절로 찾아온다

14 풍산점 風山漸 — 122
착실한 준비와 느긋한 진행이 우수한 성과를 만든다

15 지화명이 地火明夷 — 129
잘 풀리지 않을 때는 경거망동하지 말고 때를 기다려라

16 화지진 火地晉 — 132
승부를 낼 때는 초조해하지 말고 당당하게 돌진하라

17 이위화 離爲火 — 135
성과를 내고 싶다면 리더부터 규칙을 지켜라

18 택풍대과 澤風大過 — 140
기대 이상의 결과에 들뜨지 말고 차분히 냉정을 되찾아라

19 간위산 艮爲山 — 143
멈출 줄 아는 자가 성과를 얻는다

20 택수곤 澤水困 — 147
설득하기 어렵다면 말을 삼가되 변화의 때를 기다려라

21 지뢰복 地雷復 — 151
수라장에도 꿋꿋이 버티며 다가올 봄을 위해 힘을 비축하라

22 택천쾌 澤天夬 — 155
결단은 리더의 임무, 자기 책임하에 과감하고 신중하라

23 풍택중부 風澤中孚 — 160
성의와 진심이 동료를 만들고 과업을 성과로 바꾼다

4부 역할

좋은 리더는 모든 일에서 배운다

24 감위수 坎爲水   166
리더와 팀 모두 수라장을 겪음으로써 성장한다

25 화천대유 火天大有   172
다양한 의견을 수용하는 빈 그릇이 되어라

26 풍지관 風地觀   176
대화할 때는 보이지 않는 것을 가시화하라

27 산풍고 山風蠱   181
부패를 바로잡을 때는 과감하고 단호하게 철저히 행하라

28 화풍정 火風鼎   185
합의 도출은 전골 요리 같은 것, 차분히 보글보글 푹 익혀라

29 화뢰서합 火雷噬嗑   190
문제가 발생하면 샅샅이 파악해 단호하게 조치하라

30 택화혁 澤火革   196
어설픈 개입이 아닌 근본적으로 접근해 개혁하라

31 뇌풍항 雷風恒   200
변치 말아야 할 축을 깨달은 사람이야말로 변혁을 일으킬 리더다

32 지택림 地澤臨   204
의견이 잘 전달될 때 올바른 태도로 소중한 마음을 전하라

33 수풍정 水風井   208
사람이 모이는 곳은 늘 관리를 게을리하지 말고 쾌적하게 유지하라

34 산뢰이 山雷頤 214
동료에게 맞는 최적의 환경을 갖춘 뒤 의미 있는 말을 건네라

35 택지췌 澤地萃 220
사람을 모을 때는 인망이 두터운 후배나 부하의 힘을 빌려라

36 수지비 水地比 223
일단 먼저 말을 걸어라, 늦은 자는 상대해주지 않는다

37 천뢰무망 天雷无妄 226
상대방의 의견을 들은 후 결단을 내리되 책임은 스스로 져라

5부 출세

냉철한 자세가 따스한 봄을 부른다

38 건위천 乾爲天 232
순조롭게 출세하는 시기일수록 활약하는 모습을 드러내지 마라

39 곤위지 坤爲地 238
리더에게 가장 필요한 자질은 본질을 꿰뚫는 힘이다

40 택뢰수 澤雷隨 243
따를 만한 리더를 따르고, 리더는 성의와 감사로 품어라

41 뇌택귀매 雷澤歸妹 251
조급함을 버리고 스스로를 돌아보라

42 수천수 水天需 254
난처한 상황에 빠졌을 때는 차분히 기다려라, 현명한 자들이 모일 것이다

43	**뇌지예** 雷地豫	258
	이직은 회사 밖에서도 통용될 만한 기술과 각오를 갖춘 다음에 생각하라	

44	**풍수환** 風水渙	263
	회사 밖에서도 통용되는 기술을 갖췄다면 준비된 배를 타라	

45	**산천대축** 山天大畜	267
	개인의 이익보다 사회에 도움이 되는 일을 천직으로 삼아라	

6부 재물

욕심을 버리는 자가 부를 얻는다

46	**산택손** 山澤損	272
	현재의 손실을 미래의 이익으로 만들기 위한 장기적 관점을 가져라	

47	**지풍승** 地風升	277
	급할수록 돌아가라	

48	**산화비** 山火賁	281
	재산을 늘리고 싶다면 화려한 겉치레부터 버려라	

49	**뇌산소과** 雷山小過	286
	과도한 욕심은 리스크가 되니 약간 부족한 정도로 만족하는 것이 좋다	

50	**뇌화풍** 雷火豊	290
	정점을 깨닫고 미래에 대비하는 사람이 오래간다	

51	**풍뢰익** 風雷益	292
	재산이 늘었을 때는 독차지하지 말고 다 함께 축하하며 베풀어라	

7부 **위기**

깊이 뿌린 내린 거목은 폭풍을 이긴다

52 천택리 天澤履 ... 296
사후 조치보다 사전 조치, 위기를 예상하고 주도면밀하게 준비하라

53 진위뢰 震爲雷 ... 301
천재지변은 피할 수 없지만 그 뒤에 찾아올 인재는 방지할 수 있다

54 뇌천대장 雷天大壯 ... 306
기대 이상의 성과가 나왔을 때는 액셀이 아닌 브레이크를 밟아라

55 산지박 山地剝 ... 310
일이 궁지에 몰리면 불필요한 것을 과감히 버리고 재기를 노려라

56 천수송 天水訟 ... 314
문제가 발생했을 때는 상대방의 분노를 그대로 받아들여라

57 뇌수해 雷水解 ... 317
침몰하기 시작한 배에서는 신속히 내려라

58 수산건 水山蹇 ... 321
옴짝달싹하지 못하는 상황이라면 일단 멈춰서 아군을 찾아라

59 화택규 火澤睽 ... 325
상대방과 갈등을 겪을 때 본심에 귀 기울이면 화해의 실마리가 보인다

60 지수사 地水師 ... 330
팀에서 갈등이 생겼을 때는 다 같이 정해진 규칙을 떠올려라

61 천지비 天地否 ... 333
상사와 부하의 손발이 맞지 않을 때는 먼저 나서서 중재하라

62	**천산돈** 天山遯	338
	도무지 의견이 통하지 않는다면 도망가라, 철저하게	
63	**천풍구** 天風姤	342
	어느 순간에도 유혹에 휘둘리지 마라	
64	**지천태** 地天泰	345
	일이 안정되면 자신에게는 엄격하게, 타인에게는 부드럽게 변화를 모색하라	

마치며 거인의 어깨에서 세상을 읽다   353

부록 재미로 해보는 역점   355

참고 문헌   358

『주역』을 공부하기 전에

어떻게 읽고, 무엇을 새길 것인가

거인들이 『주역』을 읽는 까닭
인생의 갈림길에서 만나는 탁월한 조언

『주역』을 이해하면 운에 좌우되지 않는 흔들림 없는 판단 축을 지니게 된다. 그렇게 되면 설령 '인생의 혹한기'가 찾아오더라도 의연한 자세로 자연스럽게 만반의 준비를 갖추고 다가올 봄을 맞이할 수 있다. 이처럼 사소한 일에 흔들리지 않는다면 부하, 후배, 학생, 아이 등 주변 사람들도 안심하고 기댈 수 있는 대인이 될 것이다. 대인으로 거듭나면 리더로서, 선배로서, 지도자로서, 부모로서 주변 사람들을 행복하게 해줄 수 있다. 진정한 대인이 되고자 하는 뜻을 지녔다면 『주역』이라는 거대한 산을 함께 등반할 것을 추천한다. 다만 긴 여정이 될 테니 마음 단단히 먹기를 바란다.

"경영자의 책장에는 왜 『주역』이 꽂혀 있나요?"라는 질문을 종종 받는다. 그 이유는 무엇보다 한 조직의 대표인 만큼 결단의 무게가 남들과는 다르기 때문이다. 인사나 사업 인수, 매각 등 남들과 쉽게 논의하기 어려운 안건에 대해 홀로 결단을 내려야 할 때도 있다. 그렇기에 '고독한 경영자'가 『주역』에서 답을 찾고자 하는 것이다.

오늘날의 리더 중에서는 교세라 및 KDDI 창업자이자 일본 항공 재건에도 기여한 이나모리 가즈오(稻盛和夫)가 『주역』에서 가르침을 얻은 인물로 유명하다. 이나모리가 차세대 경영자를 육성하기 위해 설립한 경영 아카데미 '세이와주쿠(盛和塾, 2019년 문을 닫았으나 설립자의 뜻을 이은 사람들이 다른 이름으로 각각 활동 중)'에는 필자의 스승인 다케무라 아키코(竹村亞希子)의 강좌가 개설되기도 했다.

다케무라 아키코는 『주역』 연구자다. 중국 고전인 『주역』을 점술이 아닌 고대의 지혜를 이해하는 관점에서 연구하고 전파한다. 다수의 저서와 인기 있는 강좌로 다양한 팬을 보유하고 있으며, 최근에는 전 프로야구 감독이자 대학교수를 역임한 구리야마 히데키(栗山英樹) 감독에게 팬레터를 받기도 했다.

구리야마 감독은 2023년 일본 야구 대표 팀 '사무라이 재팬'을 WBC(월드 베이스볼 클래식) 대회 우승으로 이끈 주역이다. 노련한 선수 기용 방식과 긴 안목으로 꼼꼼하게 선수를 육성하는 것으로 정평이 나 있다. 실제로 일본 야구 대표 팀에는 이도류(二刀流)[1]로 유명한 오타니 쇼헤이(大谷翔平) 선수를 비롯해 구리야마 감독이 직접 육성한 선수가 다수 포함되어 눈부신 활약을 했다.

특히 오타니 선수가 세계 최고의 선수로 평가될 만큼 크게 성장할 수 있었던 것은 당시 닛폰햄 파이터스의 구리야마 감독이 '이도류 선수 육성'을 제안한 일 덕분이기도 하다. 이 제안은 고등학교를 졸업한 오타니 선수를 닛폰햄 파이터스에 영입하는 데 큰 역할을 했다. 이 과정에서 감독이 『주역』에서 깨달음을 얻고 이러한 결단을 내렸음을

---

[1] 2개의 검을 쓰는 검술을 이르는 말로 야구에서는 투수와 타수를 겸하는 것을 가리킴.

짐작하게 하는 흥미진진한 에피소드가 많은데, 이는 본문에서 다룰 예정이다.

그 밖에도 히타치제작소(Hitachi) 연구원이자 지금은 '미스터 웰빙(Mr. well-being)'이라고 불리며 일하는 사람들의 행복 지수를 높이기 위해 디지털 기술 활용에 힘쓰고 있는 야노 가즈오(矢野和男), 의학박사로서 '장내 세균총', '메타볼릭 도미노' 등을 일반인이 이해하기 쉽도록 널리 알린 게이오기주쿠대학 의학부의 이토 히로시(伊藤裕) 등 일선에서 활약하는 경영자, 연구자, 의사 등 수많은 사람이 『주역』에서 가르침을 얻고 있다.

이처럼 존경받는 많은 리더가 공부하는 『주역』에는 분명 '무언가'가 있다. 리더라면 힘겨운 상황에서도 흔들림 없이 직원들을 이끌어야 한다. 과학자라면 이 세상의 성립 과정과 향후 잠재력을 밝혀내는 일에 힘쓰는 한편 일반인에게도 이를 설명해 이해의 폭을 넓히고 실제로 활용할 수 있도록 해야 한다. 하나같이 상식을 넘어선 영역에 먼저 나서서 도전하는 만큼 이들은 고독하다. 기댈 곳은 자신의 판단력과 결단력뿐이다. 미래를 정확히 내다보고 흔들림 없는 판단의 축을 마련해 결단을 내려야 할 때 단호하게 추진할 수 있는 흔들림 없는 의지의 축이 필요하다. 이처럼 인류의 진보를 이끈 사람들이 조언을 얻고자 한 대상이 바로 『주역』이다.

시대를 초월해 통하는 절대 진리

역사를 배우는 것은 인류의 흔들림 없는 사고방식의 축뿐 아니라 변한 부분도 함께 이해하기 위해서다. 일본 역사 속 위인들도 『주역』에서 배운 내용을 활용해 사람들을 이끌었고, 이를 보람으로 여기며 고군분투한 끝에 큰 성과를 거두었다.

『주역』을 계승해온 '책'이라는 매체의 위대함에도 주목할 필요가 있다. 책은 문자라는 전달 수단을 통해 선조들의 생각을 원형에 가깝게 전달한다. 나아가 책이 쓰인 배경을 이해하고 전후 맥락을 파악하면 당시 사람들이 왜 그런 사고방식을 지니게 됐는지도 추측할 수 있다.

그렇다면 오늘날에는 이를 어떻게 받아들여야 할까? 공감하기 어려운 부분이 있다면 이는 당시에만 통용된 일시적인 사고방식일 것이다. 한때의 유행은 시류에 따라 흘러갈 뿐이다. 한편 시대를 초월해 환경이 변했음에도 여전히 통용되는 부분이 있다면 이는 시대의 흐름에 좌우되지 않는 '인류의 흔들림 없는 축'일 가능성이 있으며 '자신만의 흔들림 없는 축'을 발견할 수 있는 단서가 되기도 한다.

하지만 『주역』은 내용이 난해하기로 유명하다. 『주역』이 난해한 이유는 '어떻게 살 것인가? 우리가 살아가는 이 세상은 무엇인가?'라는 어려운 문제에 도전하기 때문이다. 그만큼 『주역』은 내용이 심오하고 본문도 난해하다. 아직 밝혀지지 않은 부분과 여전히 새롭게 발견되는 부분도 많아 전체적인 체계가 어떻게 구성됐는지 연구자조차 가늠하기 힘든 수수께끼투성이 책이다.

『주역』의 지혜를 만나는 세 가지 방법

거대한 산에 도전하기 전에

『주역』에 도전하기에 앞서 주의할 점을 공유하려 한다.

먼저 『주역』은 거대한 산이라고 말한 바 있다. 그 산의 높이와 길의 험난함은 헤아릴 수 없을 정도다. 책에서는 겨우 '입구'까지만 안내할 뿐이다. 이 책만 읽고 깨달음의 경지에 도달하는 것은 불가능한 일이다.

필자 또한 수없이 좌절을 겪었기 때문에 분명히 말할 수 있는데 '『주역』을 간단히 이해하고 싶다'라는 안이한 마음가짐은 과감히 버려야 한다. '산책 나온 김에 후지산에 오른 사람은 없다'라는 말과 같은 이치다.

예전에 한 고등학생에게 "한 권으로 인생을 이해할 만한 책을 알려주세요"라는 요청을 받았다. 그 학생은 얼마 지나지 않아 "제가 허무맹랑한 소리를 했네요"라며 반성했다. 이와 비슷한 오류라고 보면 된다.

필자는 60년 가까이 인생의 길흉화복을 맛보고 비즈니스를 포함해 다양한 수라장 경험(修羅場經驗)[2]을 겪었다. 그 후 『주역』을 강의하는 스승에게 10년 동안 배운 끝에 겨우 도달한 입구까지의 여정을, 같은 뜻을 품은 독자들에게 되도록 알기 쉽게 풀어서 공유하고자 하는 마음으로 이 책을 썼다.

우선 선조들이 『주역』에 도전한 여정부터 되짚어보면 주로 '고전적', '과학적', '철학적'이라는 세 가지 접근 방식으로 이루어져 있다.

---

2 참혹한 전쟁터를 연상시킬 정도로 혼란스럽고 괴로운 일을 겪음.

고전으로서의 『주역』 만나기

『주역』은 기원전 문서가 원형으로, 저자와 관련해서도 설이 분분해 한 사람으로 특정하기 어렵다. 전설의 왕 복희(伏羲)가 기본 개념을 만들고 이후 주(周)나라의 문왕(文王)과 그의 아들 주공(周公), 공자(孔子) 등 후대 위인들이 이를 이어받아 해설을 추가하고 다듬었다고 알려졌으며, 수많은 역사의 풍파를 겪은 후 지금에 이르렀다.

『주역』은 일본에서는 한자, 중국에서는 번체자로 작성된 고문서이기 때문에 일단 풀이가 필요하다. 특히 한자는 음을 나타내는 표음문자인 동시에 의미를 나타내는 표의문자이기도 해서 해석의 여지가 다양하다. 예를 들어 문장에 '중(中)'이라는 글자가 나오면 이를 '중심(中心)'으로 해석할지, '중반(中盤)'으로 해석할지, 아니면 '국중(國中)'으로 해석해야 할지 등 전후 문맥을 살펴보고 추측할 수밖에 없다.

또 『주역』의 각종 해설문이 한자의 다양한 의미를 굳이 내포해서 기록한 측면도 있다. 이는 '다양한 의미를 포함하고 부감해 넓고 복잡한 전체 체계를 파악하라'라는 깊은 뜻이 담긴 메시지를 전한다. 『주역』의 궁극적 가르침은

'세상 모든 것으로부터 배워라. 특히 눈앞의 자연에서 배워라'라는 것이다.

필자는 최근 10년간 『주역』 연구자인 다케무라 아키코를 스승으로 섬기며 이 길에 도전하게 됐다. 하지만 남은 시간 동안 『주역』의 정상까지 도달하는 일은 도저히 불가능하다는 사실을 깨달았다. 따라서 어떻게든 독자들을 입구까지라도 안내하고자 고전 풀이는 '재미있고 도움이 될 만한 부분'만 엄선해 소개하기로 결심했다.

원문 표기 및 고전 해설 등은 과감히 생략했다. 『주역』 본문에 실린 예시 등도 필자가 의미를 풀어 오늘날 우리에게 익숙한 표현으로 수정해 작성했다. 그래야 내용 진행도 빠르고 독자들이 집중해서 읽을 수 있기 때문이다.

『주역』을 통해 세상을 과학적으로 바라보기

다음은 '과학적' 접근이다. 『주역』은 기원전 세계 4대 문명 중 하나인 황허문명에서 탄생한 사서오경(四書五經)의 필두로 꼽히며 '동양 으뜸의 서(書)'라 불린다. 과학이 발달하지 않은 시대에 세상을 설명한 책으로서 지금으로 치면 백과사전이나 위키피디아 같은 역할을 했다.

실제로 『주역』은 '양(ㅡ)과 음(--)' 이진법으로 세상 전체를 분류하고 정리하고자 했다. 현대사회에서 분석할 때 사용하는 컴퓨터가 0과 1이라는 이진법으로 이루어진 점을 생각해보면 공시성(synchronicity, 유의미한 우연의 일치)의 신비를 느낀다. 『주역』의 정교하고도 치밀한 이진법 분류 체계는 '전 세계 물리학자를 매료시킬 정도'라는 말도 있다.

예를 들어 하루는 '양(陽)과 음(陰)'에 따라 '낮과 밤', 2개로 나뉘었다. 이를 2개씩 결합한 것이 '음양, 양양, 양음, 음음'이 되어 '아침, 낮, 저녁, 밤', 4개가 됐고, 이를 더 세분한 것이 시간이다. 다음으로 1년은 '여름과 겨울', 2개에서 시작해 '봄, 여름, 가을, 겨울', 4개로 나뉘면서 계절과 달력이 됐다. 그리고 사방을 '동, 서, 남, 북'으로 나눔으로써 방향이 생겼다.

이러한 분류 체계는 숫자, 지리학, 천문학, 기상학으로 발전해나갔다. 나아가 움직임과 에너지를 '양과 음'으로 나누어 '밀기·당기기', '강·약' 등으로 분류한 것이 물리학으로 이어졌다. 과학적 관점에서 보면 이처럼 우수한 면이 상당히 많다.

한편 '과학은 차치하고 어떻게 살 것인가라는 질문에 답하지 못한다'는 측면도 있다. 그만큼 필자에게는 과학적 접근이 너무 멀게 느껴졌다. 물론 이러한 미지의 영역을 개척하며 과학적 접근에 도전하는 사람들의 연구에는 흥미로운 내용이 아주 많지만, 이 책에서는 독자들이 헷갈리지 않도록 난해한 이론은 과감히 생략했다.

처음부터 지나치게 자세히 설명하면 오히려 혼란스러워 흥미를 잃고 만다. 이른바 '데카르트(René Descartes)적 발상의 덫'인 셈이다. 대표적인 예로 '군맹무상(群盲撫象)' 우화가 있다.

> 옛날 한 나라의 임금이 눈가리개를 한 신하들에게 생전 처음 보는 코끼리를 만져보라고 지시했다.
> 그러자 코끼리 다리를 만진 신하는 '코끼리는 기둥 같다'고 말했다.
> 코끼리 귀를 만진 신하는 '코끼리는 커다란 부채 같다'고 말했다.
> 코끼리 꼬리를 만진 신하는 '코끼리는 뱀 같다'고 말했다.
> 코끼리 배를 만진 신하는 '코끼리는 벽 같다'고 말했다.

코끼리를 알기 전에 '다리가 기둥 같다', '귀가 부채 같다', '꼬리가 뱀 같다', '배가 벽 같다' 등 부분별로 설명을 들으면 아무리 시간이 지나도 전체적인 이미지는 떠올리지 못하고 도리어 혼란에 빠지고 만다는 이야기다.

또 '과학'이라고 하면 기술적 이미지가 강하지만 본래 고대 그리스 철학자 아리스토텔레스(Aristoteles) 시대의 과학은 '아주 많은 과목', '과목을 다양하게 분류해 연구하는 일'이라는 의미였다고 한다. 이러한 점만 봐도 과학에는 다양한 분야가 있으며 소위 이과 계열 과목뿐 아니라 인문학 및 사회학 등 문과 계열로 불리는 과목도 포함된다는 사실을 알 수 있다.

필자가 이해한 과학의 정의는 다음과 같다.

> 예술은 인간의 기술을, 과학은 신의 기술(업적)을 알고자 하는 일.

세 번째로 '모든 과학의 뿌리'라고 불리는 '철학적 관점'에 따른 접근도 있다.

『주역』과 함께 철학적으로 사유하기

『주역』의 철학적 접근은 사물의 근본을 '태극(太極)[3]'이라 규정하고 이를 '양과 음'이라는 2개의 국면으로 나누는 일에서부터 시작됐다.

'양양, 양음, 음음, 음양', 네 가지 분류를 인생에 대입해보면 '줄곧 힘이 넘치는 모습', '넘치던 힘이 차츰 쇠하는 모습', '줄곧 저조한 모습', '저조했으나 점차 힘을 얻어가는 모습'처럼 네 종류의 흐름으로 나타낼 수 있다.

여기에 또 하나의 조합인 '양과 음'을 추가해 3개의 선으로 나타낸 것이 2×2×2, 즉 8개로 구성된 '괘(卦)'다. 이 8개 괘에 자연현상을 상징하는 '건(乾), 태(兌), 이(離), 진(震), 손(巽), 감(坎), 간(艮), 곤(坤)'이라는 괘 이름과 함께 '천(天), 택(澤), 화(火), 뇌(雷), 풍(風), 수(水), 산(山), 지(地)'라는 자연을 의미하는 키워드도 추가했다.

이처럼 이진법으로 분류해나감으로써 내면의 긍정과 부정뿐 아니라 외부 환경의 행운과 불운, 인간관계 및 조직 내 권력관계 등 인생에서 일어날 법한 여러 요소를 분

---

[3] 만물이 시작되는 근원.

그림 1 역(易)의 64괘

상 \ 하	건(천) ☰	태(택) ☱	이(화) ☲	진(뢰) ☳	손(풍) ☴	감(수) ☵	간(산) ☶	곤(지) ☷
건(천) ☰	건위천 232쪽	택천쾌 155쪽	화천대유 172쪽	뇌천대장 306쪽	풍천소축 62쪽	수천수 254쪽	산천대축 267쪽	지천태 345쪽
태(택) ☱	천택리 296쪽	태위택 97쪽	화택규 325쪽	뇌택귀매 251쪽	풍택중부 160쪽	수택절 58쪽	산택손 272쪽	지택림 204쪽
이(화) ☲	천화동인 113쪽	택화혁 196쪽	이위화 135쪽	뇌화풍 290쪽	풍화가인 92쪽	수화기제 52쪽	산화비 281쪽	지화명이 129쪽
진(뢰) ☳	천뢰무망 226쪽	택뢰수 243쪽	화뢰서합 190쪽	진위뢰 301쪽	풍뢰익 292쪽	수뢰준 67쪽	산뢰이 214쪽	지뢰복 151쪽
손(풍) ☴	천풍구 342쪽	택풍대과 140쪽	화풍정 185쪽	뇌풍항 200쪽	손위풍 107쪽	수풍정 208쪽	산풍고 181쪽	지풍승 277쪽
감(수) ☵	천수송 314쪽	택수곤 147쪽	화수미제 46쪽	뇌수해 317쪽	풍수환 263쪽	감위수 166쪽	산수몽 80쪽	지수사 330쪽
간(산) ☶	천산돈 338쪽	택산함 103쪽	화산려 73쪽	뇌산소과 286쪽	풍산점 122쪽	수산건 321쪽	간위산 143쪽	지산겸 86쪽
곤(지) ☷	천지비 333쪽	택지췌 220쪽	화지진 132쪽	뇌지예 258쪽	풍지관 176쪽	수지비 223쪽	산지박 310쪽	곤위지 238쪽

그림 2 괘의 이름

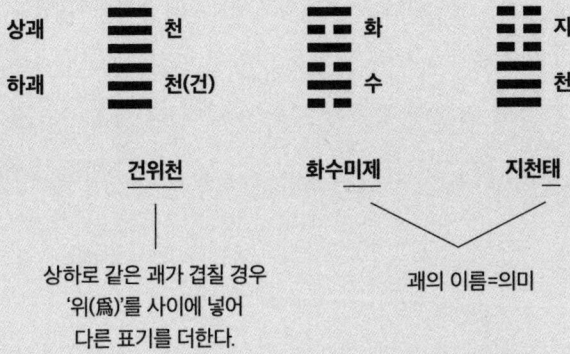

 류해 하나하나 설명할 수 있도록 했다.

 최종적으로 그림 1과 그림 2처럼 한 쌍이 3줄로 이루어진 괘를 2개 겹친 6개의 선이 사용되기에 이르렀다.

 바로 이것이 역자(易者)들이 자주 하는 '맞아도 팔 괘, 틀려도 팔 괘'라는 말이다. 역점은 8×8, 64괘로 구성된 만큼 다양한 상황에서 각각의 특징을 뚜렷하게 나타내게 됐다.

 '점(占)'이라는 말을 들으면 '비과학적'이지 않을까 싶어

---

4 점이란 맞을 수도 안 맞을 수도 있다는 의미.

불안해하는 사람도 있을 것이다. 하지만 과거 과학이 발달하지 않은 시대에 결단을 내려야 했던 통치자들은 설령 그 수단이 비과학적일지라도 기댈 수밖에 없었다. 또 통치자들의 간절한 바람에 부응해 결단을 내릴 때 지도자 역할을 한 사람이 바로 '역자'다. 그들은 오늘날로 치면 경영 컨설턴트 같은 전문직에 해당한다. 이러한 내막을 알고 나면 '경영자들이 『주역』을 읽는 이유'를 조금이나마 짐작할 수 있다.

한편 과학이 비약적으로 발달한 현대사회에서도 세상은 여전히 불가사의한 일로 가득하다. 특히 미래를 확실하게 예측하는 일은 불가능하다. 예측은커녕 오늘날은 변화 정도가 극심해 '예측 불가의 시대', '정답이 없는 시대' 등으로 불리기까지 한다. 하지만 리더는 이러한 상황에서도 결단을 내려야만 한다.

무엇보다 '더 이상 미룰 수 없는' 상황이라면 결단 자체를 논하기 전에 아예 손쓰지 못하는 최악의 사태만큼은 어떻게든 막아야만 한다. 결단 이면에는 의지할 만한 것이라면 무엇이든 기댈 수밖에 없거나 기대야 하는 상황, 또는 오히려 절실할 정도로 기대는 편이 때를 놓치는 것보다 낫다는 통치자의 책임감이 있다.

애초에 '비과학'이니 '신비주의'니 하는 위험성은 이를 다루는 사람이 악용하거나 가볍게 생각했기 때문에 발생하는 문제다. 당연히 선량한 의도로도 활용할 수 있으며 나아가 '점' 외에 기댈 곳이 없을 때는 '마지막 희망'이 될 가능성이 있다. 현대사회에서도 과학을 초월한 분야에서 존재감을 드러낼 뿐 아니라 때로는 매우 필요한 존재가 되기도 한다.

『주역』의 가르침을 현실적으로 활용하는 방법

비즈니스와 마주한 『주역』

과학이 발전함에 따라 현대 경영 컨설턴트도 코칭, 퍼실리테이션(facilitation)[5], 마케팅 등 다양한 방식으로 발전하고 있다. 필자가 소속된 기업의 경영기획부에서도 이제는 외부 컨설턴트와의 협업이 필수가 됐다. 여기서 또 하나의 접근법을 깨달았다.

---

5 팀의 구성원이 회의나 워크숍 등에 적극적으로 참여하도록 하고 상호작용을 촉진해 공동의 목적을 달성하도록 하는 행위.

불교에서 득도의 길을 걷기 위한 선택지에는 출가가 큰 비중을 차지하지만, 재가(在家)를 선택하는 사람도 있다. 필자는 여기서 힌트를 얻어 경영을 실천하는 현장에서 『주역』에 도전하게 된 것이다. 대학교를 졸업하고 전기 제조업체에 입사해 다양한 경험을 쌓은 후 50세가 넘어 대학원에서 경영학을 또다시 공부했다. 그리고 다시금 경영전략과 조직 운영, 그중에서도 차세대 리더 육성 같은 인재개발에 힘쓰고 있다. 현장에서는 유대감이 있어야 비로소 사람을 이끄는 『주역』을 제대로 활용할 수 있다는 사실을 절실히 느꼈다.

물론 『주역』은 난해해서 있는 그대로 상대방에게 전달하기란 거의 불가능하다. 큰 문제에 직면했을 때 밤에 홀로 『주역』을 펼쳐 자문자답하고 그 과정에서 깨달음을 얻는 나날을 보내야 한다. 고민이 크면 클수록 '그렇구나!' 하고 깨달음을 얻는 순간이 남다르게 다가올 것이며, 마치 머릿속 안개가 걷히고 말끔하게 개어 눈앞에 아름다운 광경이 펼쳐지는 듯한 상쾌함을 느끼게 된다. 이러한 기분을 독자들과 꼭 공유하고 싶다.

무한 확장하고 응용하는 『주역』의 프랙털 구조

『주역』을 공부하다 보면 지나치게 난해한 내용에 좌절한 나머지 도망치고 싶을 때도 있다. 철학적인 부분을 합리적인 체계로 이해하기 어렵다는 점도 『주역』이 난해한 이유 중 하나다.

같은 이야기가 여러 번 반복되거나 전혀 상관없는 부분에서 다른 문맥으로 쓰이기도 하고, 당연히 언급되어야 할 내용이 필요한 문맥에서 누락되는 등 언뜻 보면 내용이 뒤죽박죽으로 느껴지는 면이 있다. 그래서 '그렇구나' 하고 깨달은 후에도 내용이 모호하게 느껴지거나 기존에 이해한 내용을 부정하는 듯한 역설적 내용처럼 여겨지는 등 여러모로 혼란스럽다.

바로 이러한 점 때문에 합리적이고 심플하면서도 단시간에 세상의 이치를 이해하고자 하는 사람들, 특히 경영자나 연구자 사이에서 '난해하다'는 의견이 나오는 것이다.

사실 『주역』의 철학적인 부분은 '프랙털(fractal) 구조'처럼 복층 구조로 구성되어 있다. 이 점을 기억해두면 『주역』을 이해하는 데 많은 도움이 된다.

'프랙털'이란 그림 3과 같은 형태의 도형이다. 미국 수학

그림 3 프랙털 구조의 대표 예 '코흐 곡선(헬게 본 코흐)'

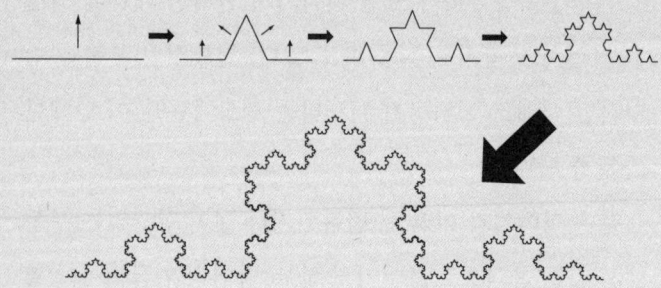

출처: 닛세이 기초연구소 홈페이지

자 브누아 망델브로(Benoît Mandelbrot)가 고안한 프랙털 구조는 '자기 유사성(self-similarity)'이라고 해 '도형의 전체 중 일부를 분석했을 때 부분이 전체와 같은 형태를 띠는 구조'를 말한다. 쉽게 설명하면 '같은 도형이 반복해서 나타나는 구조'다.

현대사회에서는 학교든 회사든 '합리적'인 것을 선호하기 때문에, '겹치지 않되 빠지지 않는' 정교하고도 치밀한 전체 체계를 갖춘 후 효율적으로 지식을 습득할 수 있는 환경을 설계하도록 요구한다.

하지만 한편으로는 설계가 점점 더 정교하고 치밀해질수록 앞에서 언급한 '데카르트적 발상의 덫'에 빠지기 쉬운 약점이 된다는 사실도 부정할 수 없다. 사칙연산과 미적분을 아무리 공부해도 '숫자란 과연 무엇인가?'라는 질문에는 좀처럼 답하기 어렵다. 지리, 과학, 고문(古文)의 지식을 아무리 익혀도 '학문이란 과연 무엇인가?'라는 질문에 좀처럼 답하지 못한다. 무작정 지식량만 늘려보아야 '군맹무상'에 머무를 뿐이며 개별적인 지식을 쌓았더라도 '삶이란 무엇인가?', '우리가 살아가는 이 세상은 대체 무엇인가?' 같은 질문에는 선뜻 답하지 못한다. 이래서는 아무리 시간이 지나도 '어떻게 살 것인가?'라는 질문에 답할 수 없다.

따라서 이 책에서는 우선 '역의 64괘'를 전부 한 번씩 살펴볼 예정이다. 감이 좋은 독자는 시작 단계에서 본질적 요소를 파악할지도 모른다. 반면 아무리 책을 읽어도 도통 갈피를 잡지 못하는 독자도 있을 것이다. 일찍이 필자가 그랬듯 말이다.

하지만 안심해도 된다. 『주역』은 '프랙털 구조'로 이루어져 '부분이 전체와 같은' 동시에 '전체가 부분과 같기' 때문이다. 즉 하나를 이해하면 전체를 파악할 수 있고 전체를 이해하면 하나의 의미를 파악할 수도 있다. 따라서 일부를 읽고 이해가 되지 않더라도 일단 전체를 훑어본 후 다시 처음으로 돌아가보면 처음보다 훨씬 잘 이해된다는 사실을 알게 될 것이다.

만약 다 읽어도 머릿속에 들어오지 않는다면 다시 한번 64괘 전체를 확인해보길 바란다. 그렇게 되풀이해서 읽다 보면 분명 깨달음을 얻는 경지에 이르게 될 것이다. 실제로 필자가 경험한 일이며 이를 깨닫기까지 10년이 걸렸다.

일단 이해가 되면 그때부터는 가속이 붙는다. '프랙털 구조'의 특징이기도 한 '강함'이 바로 여기에서 나타난다. 무엇보다 한번 기본 형태를 익혀두면 쉽게 잊히지 않고 얼마든 응용할 수 있으며, 응용 범위도 무한히 확장할 수 있다. 그렇게 되면 '어떻게 살 것인가'에 대한 자신의 흔들리지 않는 축도 보이기 시작할 것이다.

현대인을 위한 『주역』 압축판

지금도 『주역』이라는 거대한 산에 함께 도전하고자 하

는 동시대의 동지가 아주 많을 것이다. 『주역』에서는 이러한 뜻을 지닌 사람들을 '잠룡물용(潛龍勿用)[6]'이라고 기록하고 있다.

이 책을 읽는 독자들도 마찬가지다. 필자도 이에 동참해 독자들을 위한 가이드북을 작성했다. 되도록 이해하기 쉽게 다양한 일화를 현대어로 풀이했고 요즘에도 공감 가는 에피소드를 곁들여 『주역』에서 얻은 깨달음을 하나하나 공유하고자 한다.

본래 64괘에는 순서가 있으나 책에서는 사람을 이끄는 리더에게 필요한 요소 순서대로 배열했다. 따라서 책에서 다루는 각 괘의 순서는 정식적인 순서가 아니라 설명순이라고 이해하면 된다. 『주역』의 정식적인 순서에는 깊은 의미가 있는 만큼 이 책을 통해 전반적인 내용이 이해됐다면 『주역』 해설서에 도전해보길 바란다.

이제부터 함께 『주역』이라는 거대한 산에 올라보도록 하자!

---

[6] 물에 잠겨 있는 용처럼 미숙하니 배우며 때를 기다리라는 의미.

1부

부족할 때가 비로소
발전할 때다

성장

01

화수미제
火水未濟

미완성으로 끝나는 시기.
반성으로 마무리하라는 의미.
64괘의 마지막에 등장하는 괘.

**일이 완성에 가까워지면
새롭게 펼쳐질 미래에 대비하라**

완성되지 않았다는 것은 계속 나아갈 수 있다는 것

'미제(未濟)'는 미완성을 의미한다. 『주역』 64괘의 마지막에 등장한다는 점에서 심오한 의도가 엿보인다. 본 괘에서는 작은 여우 우화가 나온다.

> 작은 여우가 큰 강을 건너려고 했다. 꼬리가 젖지 않게 건너기는 어렵지만 그래도 최선을 다해 꼬리를 수면 위로 바짝 세우고 헤엄쳐 건너편에 도착하기 직전이었다.
> 하지만 그 순간 실수로 소중한 꼬리가 물에 닿아 젖어버리고 말았다. 꼬리가 젖으면 몸이 가라앉는다. 더 이상 헤엄칠 수 없으니 강을 건너는 일은 무리다.
>
> 큰 강을 건너고자 한 의지는 칭찬할 만하다. 하지만 목표를 달성하기 위해서는 철저한 준비가 필요하다. 자신의 부족한 점을 부끄럽게 여기고 깊이 반성해야 한다.

작은 여우가 미숙함과 준비 부족으로 강을 건너지 못한 이야기로 내용을 시작한다. 하지만 결말은 비극적이지 않다. 훗날 작은 여우가 성장할 것임을 암시할 뿐만 아니라 강도 건널 것으로 예상된다. 그 메시지는 '미'라는 문자에 담겨 있다.

만약 '미제'가 아닌 '불제(不濟)', '무제(無濟)', '비제(非濟)'였다면 어땠을까? 결국 실패로 끝난 새드 엔딩이었을 것이다. 물에 젖어 무거워진 꼬리 때문에 작은 여우가 물에 빠져 숨을 거두는 이야기로 끝났을지도 모른다. 하지만 여기서는 '미제'를 강조해 아직 끝나지 않았으며 자신의 '미숙함'을 반성하고 앞으로 나아가 성장하라는 교훈을 전한다.

리더라면 모든 이의 성장을 굳게 믿어라

이처럼 상대방의 가능성을 끝까지 믿어주는 마음이야말로 타인을 이끄는 역할을 하는 사람이 지녀야 할 '흔들리지 않는 축'이 아닐까?

영어 'education(교육)'의 어원은 '이끌어내다'라는 뜻의 라틴어에서 비롯됐다는 설이 있다. 즉 '상대방의 가능성을 이끌어낸다'는 의미를 내포하고 있다. 자세히 살펴보면 여기에는 중요한 교훈이 또 하나 있다.

'반성'은 자신의 미숙한 부분을 철저히 돌아보고 개선해 다음을 기약한다는 의미다. 현대 경영학에서는 내성(반성)을 중심으로 한 '경험학습 사이클'을 효과적인 학습법이라 주장하기도 한다. 경험학습 사이클이란 그림 4처럼 네 가지 프로세스로 구성된 '순환론'을 말한다. 순환론은 미국 철학자 존 듀이(John Dewey)의 사고에 기반한 이론이다.

그림 4 경험학습 사이클

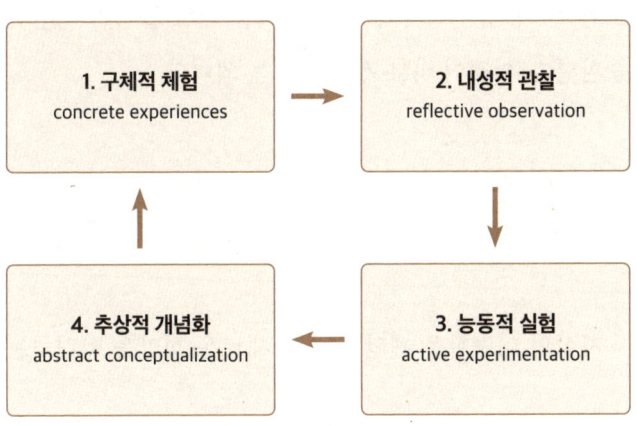

출처: 『조직개발 탐구(組織開発の探究)』(나카하라 준, 나카무라 가즈히코, 2018)

"우리는 경험을 통해 (직접) 학습하는 것이 아니다. 경험(experience)을 내성(reflection)할 때 학습하는 것이다."
—존 듀이

다시 말해 경험과 학습 사이에 '내성'이라는 프로세스를 거치면서 학습의 질이 높아진다. 즉 '반성함으로써 새롭게 성장한다'는 뜻이다. '미완성'을 의미하는 괘가 『주역』의 마지막에 등장한 이유가 여기에서 드러난다. 결국 『주역』의 음양도 경험학습 사이클과 마찬가지로 '순환론'이다. 음과 양이 서로 대비되면서 끊임없이 변화를 거듭한다. 64괘 또한 본 괘가 마지막이 아니라 처음 괘로 돌아가 영원히 순환한다. 이것이 바로 '성장한다'는 의미다.

"영원한 미완성, 미완성이야말로 완성이다."
—미야자와 겐지(宮沢賢治)[1]

자신의 미숙함을 깨닫는 것은 새로운 희망을 발견하는

---

1   일본의 동화 작가이자 시인.

일이기도 하다. 무슨 일이든 노력하면 분명 이루어진다. 이러한 마음가짐이라면 큰 강도 얼마든지 건널 수 있다. 이것이 '화수미제'가 전하고자 하는 메시지다.

운명을 뒤바꿀 질문 01

**나는 무엇에 미숙한가?
어떻게 완성해나갈 것인가?**

02

수화기제
水火旣濟

이미 갖추어져 완성된 시기.
완성은 흐트러짐의 시작이기도 하다는 의미.
01 '화수미제'와는 대립 관계.

**성과에 만족하지 말고 다른 곳에서도 통용될
새로운 배움에 시선을 돌려라**

'결과만 좋으면 그만'이라고 생각하지 마라

『주역』은 이 세상의 끝을 상정하지 않는다. 세상은 영원히 변화를 거듭한다는 순환론에 기반하기 때문이다. 이 관점이 확고하기에 '완성'이라는 결과물 자체에 주목하기보다 성취감 뒤에 감춰진 '방심'과 '자만심'을 우려한다.

세상은 끊임없이 변한다. 한때 가장 적합하다고 생각한 기준도 환경이 변하면서 점차 어긋나기 시작한다. 대표적인 예가 비즈니스에서 말하는 '과대 적합' 리스크다. CD가 레코드 자리를 차지하면서 레코드 바늘 수요는 급감했다. 가장 잘나가던 메이커의 인기 제품도 맥을 못 추기는 마찬가지였다. 이처럼 비즈니스의 환경 변화는 냉혹하다. 변화에 대응하지 못한 사업은 더 이상 세상이 필요로 하지 않는다.

1811년부터 1817년까지 영국에서 일어난 노동자의 기계 파괴 운동인 '러다이트운동(Luddite Movement)'도 마찬가지다. 러다이트운동은 산업혁명으로 섬유공업 기계가 발명되면서 일자리를 잃은 수공업자들이 일으킨 안타까운 투쟁이다. 안타깝다고 말한 이유는 시대의 흐름을 막기에는 역부족이었기 때문이다.

흘러간 시곗바늘은 되돌릴 수 없다. 변화를 거부하며 힘겹게 저항하기보다 변화에 맞춰 대응법을 바꿀 필요가 있다. 『주역』에서는 변화를 인정하고 잘 받아들이는 사람일수록 크게 성장하고 상황이 더 나아진다고 말한다. 즉 '결과만 좋으면 그만'이라며 만족하지 말라는 뜻이다.

평평한 것은 언젠가 기울고 정돈된 것은 결국 흐트러질 운명이라는 사실은 불 보듯 뻔하다. 즉 '완성했다 해서 자만하지 마라. 불필요한 욕심을 삼가라. 즉시 다음 준비에 착수하라'는 교훈을 전한다. 이는 '치세를 누림에 있어 난세를 잊지 않는다(평화로울 때일수록 방심하지 마라)'라는 경구와도 일맥상통한다. 본 괘에는 우리가 끊임없이 성장하기를 바라는 염원이 담겨 있다.

경험이 쌓였다고 곧바로 움직이지 마라

한 가지 업무를 완수했다거나 어느 정도 자기 몫을 하게 됐다는 성취감은 금세 욕심으로 바뀐다. '나와 더 잘 맞는 일이 있지 않을까?', '더 좋은 대우를 해주는 회사가 있지 않을까?' 하는 생각이 들기 마련이다. 『주역』에서는 이러한 태도를 경계하며 '차분히 인내하라, 마음을 가라앉혀라'라고 말한다. 그 이유는 무엇일까? 완성은 과거의 일이나 현재는 다음 단계로 나아갈 준비가 아직 갖춰지지 않은 데다 자만심이라는 위험까지 더해졌기 때문이다.

미국의 제너럴 일렉트릭(General Electric, GE)과 월트 디즈니(Walt Disney) 등에서 도입해 화제가 된 '리더십 파이프라인'이라는 리더 육성 체계가 있다. 기업이 지속적으로 발전하기 위해 필요한 리더를 내부에서 육성해나가는 구조를 말한다.

일본 기업에서는 내부 육성이 자연스러운 일이지만, 미국 기업에서는 독특한 문화이자 참신한 시도라고 할 수 있다. '리더십 파이프라인'은 단순한 모방이 아니라 기존 틀을 발전시켜 논리적으로 정리된 내용으로 진행하기 때문에 일본 기업에서도 배울 점이 많다.

여기에는 '우수한 사원을 매니저로 승진시키는 일은 위험을 동반한다'라는 내용도 있다. 우수한 사원이라고 해서 매니저로서도 우수한 성과를 낼 것이라고 단언할 수 있을까? 꼭 그렇지는 않을 것이다. 직무의 성격이 전혀 다르기 때문이다. 사원은 주어진 업무를 제대로 해내면 그 자체로 성과를 인정받지만 매니저는 자신의 업무를 볼 뿐만 아니라 다른 사람에게 업무를 맡기는 역할도 해야 한다. 따라서 업무 분장을 합리적으로 했는지, 부하 직원을 제대로 육성했는지 등에 따라 성과 여부가 갈린다.

다시 말해 우수한 사원을 매니저로 승진시키는 것은 자칫하면 우수한 사원을 한 명 잃고 미숙한 매니저를 한 명 늘리는 일이 되어 회사의 손해로 이어질 수 있다. 승진한 입장에서도 사원 시절 우수하다고 칭찬받았으나 매니저가 된 후 갑자기 '미숙하다'라는 혹평을 들으면 의욕을 잃을지도 모른다. 『주역』에서도 바로 이 점을 지적한다.

항상 새로운 배움을 갈구하라

『주역』은 성장이라는 관점에서 승진과 승격, 독립과 이직 자체를 부정하지는 않는다. 타이밍이 중요하다는 말을 전할 뿐이다. 그렇다면 적절한 타이밍은 언제일까?

학교 졸업은 끝이 아닌 새로운 시작이기도 하다. 기업의 승진 및 승격 제도에도 '졸업 방식'과 '입학 방식'이 있다. 전자는 현재 직급의 성과 여부로 승진시키는 방법, 후자는 승진할 직급 요건에 부합하는지 평가해 승진시키는 방법이다. 『주역』에서는 후자인 '입학 방식'을 추천한다. 즉 승진과 승격, 독립과 이직 준비는 맡은 업무를 완수했다거나 재직 중인 회사에서 경험을 쌓았다는 사실보다 새로운 업무를 수행할 준비가 충분히 되어 있을 때 시도할 가치가 있는 것이다.

이처럼 본 괘는 성장을 장기적으로 바라보기 때문에 '업무를 완성해도 마음은 늘 미완성'인 상태의 중요성을 강조한다.

운명을 뒤바꿀 질문 02

**업무를 훌륭히 완수하고 나서
무엇을 깨달았는가?**

03

수택절
水澤節

절도, 절제, 전환의 시기.
절(節)을 소중하게 여기면
크게 성장할 수 있다는 의미.

크게 성장하기 위해서는
절도를 갖추고 반성하며 충분히 준비하라

절도는 리더가 마땅히 지녀야 할 덕목이다

맛있다고 해서 단 음식을 한없이 먹으면 어떻게 될까? 이렇게 결과가 뻔한 사실을 우리는 쉽게 잊곤 한다. 인간은 눈앞의 사실에 집중하면 할수록 높은 곳에서 넓게 바라보는 '새의 눈'으로 전체를 부감해야 한다는 중요한 사실을 잊고 '곤충의 눈'처럼 좁은 시야에 갇혀 눈앞의 상황에만 몰두하고 만다. 『주역』에서는 거시적 관점의 중요성을 몇 번이나 강조한다.

> "사람과 사물 모두 절을 갖춤으로써 성장한다."
> ─다케무라 아키코

'절'이라는 표제를 단 이 괘는 리더가 지녀야 할 굳건한 덕목인 '절도와 전환'의 중요성을 다음과 같은 예를 들어가며 설명한다.

> 굵고 단단한 대나무는 마디(절)가 있기에 꺾이지 않고 자란다.

대나무는 유연하기에 강하다. 세찬 바람이 불어도 부드

럽게 그 흐름에 몸을 맡김으로써 부러지지 않고 자랄 수 있다.

마디가 없는 대나무는 한 번도 실패한 적이 없는 리더와 같다. 사람은 성공보다 실패에서 더 많은 것을 배우고 이를 통해 강해진다. 실패할 당시에는 정체됐을지라도, 고민한 흔적은 단단한 마디가 되어 한층 더 성장할 수 있는 지지대가 된다. 만약 지나치게 뻗어나가 틈새가 생기더라도 단단히 고정된 마디 부분이 틈새가 벌어지지 않도록 막아준다.

자벌레가 몸을 구부리는 것은 더 길게 뻗기 위함이다.

그저 몸을 뻗기만 해서는 꾸준히 성장할 수 없다. 크게 성장하기 위해서는 마디마다 지나치게 자라난 부분은 없는지, 약점이 남아 있지는 않은지 스스로 돌아보고 의도적으로 힘을 비축하는 시기를 갖는 것이 바람직하다.『주역』에서는 작은 자벌레가 힘차게 나아가는 모습에서도 배울 점이 있다는 예를 들어가며 전환점을 되돌아보는 중요성을 역설한다.

이처럼 수택절의 교훈은 01 '화수미제'에서 소개한 '경험학습 사이클'과 결을 같이하며 우리를 한층 더 성장하게 만든다.

운명을 뒤바꿀 질문 03

실패를 되돌아보는 습관이 있는가?

04

풍천소축
風天小畜

진퇴양난(進退兩難)의 시기.
다만 이 시기는 미래의 귀중한
자산이 된다는 의미.

기대만큼 성과가 나오지 않더라도
절대 변명하지 않는다

간절하게 원한다면 경솔하게 행동하지 마라

'소축' 괘에서는 '밀운불우(密雲不雨)[2]'라는 인상적인 이야기가 등장한다. '농가에서 간절히 기다리는 비를 머금은 먹구름이 짙게 깔렸음에도 비가 좀처럼 내리지 않는' 아주 갑갑한 상태다. 이 괘는 예상치 못한 정체기가 찾아왔을 때 리더가 지녀야 할 마음가짐을 강조한다.

정체기에는 평소 드러나지 않았던 본심이 무의식중에 튀어나오기 쉽다. 절체절명의 위기를 맞았을 때는 걱정으로 바짝 긴장된 상태에서 고도의 집중력을 발휘하기에 판단을 그르칠 확률이 낮지만, 반대로 다소 정체된 상황에서는 생각처럼 일이 풀리지 않아 초조해지며 냉정을 잃기 쉽다. 특히 리더의 경우 자신이 추진하는 사업이 성과를 내지 못하고 있다는 말을 들으면 자존심이 상할 수밖에 없다.

지금 생각해도 후회스럽지만, 필자는 이러한 상황에서 치명적인 실언을 한 경험이 있다. 신규 사업이 마음처럼 잘 확장되지 않던 시기의 일이다. 어떤 판매 전략을 펼쳐도 매출은 좀처럼 늘지 않았고 잠재 고객도 확보하지 못했

---

2 짙은 구름에 가려 내리지 않는 비.

다. 그 와중에 비용은 날로 불어났다. 매출이 오르지 않으니 개발 담당자를 늘릴 수 없었지만, 고객의 요구 사항은 끊임없이 늘어나 처리할 업무가 쌓여갔다. 업무 담당자들은 고충을 토로했는데, 결국 한 직원이 날 선 발언을 했다.

"말씀하신 대로 하면 팔리긴 해요?"

부하 직원들 앞에서 비판당해 체면이 말이 아니었지만, 마음을 가라앉혔다. 혹시라도 "됐으니까 하라는 대로 해!"라고 소리 지르면 정말 끝이라고 생각했기 때문이다.

이처럼 곤경에 빠져 있을 때 당시 심적으로 의지하던 상사와 엘리베이터에서 우연히 마주쳐 몇 마디 나누게 됐다.

"요즘 어때?"

아마 상사는 걱정하는 마음에 별 뜻 없이 근황을 물었을 것이다. 하지만 필자는 괜한 자격지심에 굳이 사족을 붙이고 말았다.

"어휴, 이 사업은 이러니저러니 해도 결국 개발 능력에 달린 거예요. 경쟁사 개발 인력은 자릿수부터 다르대요."

"그건 변명이지."

상사의 표정은 순식간에 굳었다.

아차 싶었지만 이미 때는 늦었다.

그날 이후 필자는 주요 업무에서 배제됐고 가끔 성과가 미미한 단순 업무만 처리했다. '일생일대의 위기'였다고 표현하기에는 과장된 면이 있지만, 이처럼 시간이 지난 후 뒤돌아보면 인생의 큰 실패라고 생각했던 일이 놀랄 만큼 소소한 것에서 비롯될 때도 있다.

큰 돌보다 작은 돌에 걸려 넘어진다

지금도 종종 가위에 눌리곤 한다. 예상했듯 앞에서 언급한 일 때문이다. 그때 왜 그런 말을 했을까? 분명 자기방어 때문이었을 것이다. 하지만 변명해서는 안 됐다. 특히 리더라면 더더욱 말이다.

'윤언여한(綸言如汗)'이라는 말이 있다. '리더의 말은 땀과 같다. 일단 밖에 나오면 되돌릴 수 없다'는 의미다. 생각처럼 일이 잘 풀리지 않을 때일수록 자신을 믿고 맡겨준 상사와 뜻에 따라준 부하 직원들에게 꿋꿋이 인내하는 모습을 보여야 한다. 필자는 이렇게 중요한 사실을 망각하고 결정적인 순간에 나약한 모습을 보였다. 당시 실망시킨 상사와 직원들에게 아직도 미안한 마음뿐이다.

본 괘의 표제에도 사용한 '축(畜)'에는 '제지하다'라는 의미와 함께 '비축하다'라는 의미가 있다. 작은 돌같이 자잘한 것에 발목을 잡히면 초조해진다. 하지만 이는 결코 실패가 아닌 미래를 위해 진득하게 힘을 비축할 기회다.

본 괘에는 '친구를 소중하게 여겨라', '이웃을 소중하게 여겨라', '배우자를 소중하게 여겨라' 같은 이야기도 함께 실려 있다. '힘을 비축하는 시기일수록 주변 사람들은 리더의 모습을 말없이 지켜보고 있다'라고 말하며 '새의 눈'처럼 넓은 시야와 다양한 관점의 중요성을 상기시킨다.

일이 잘 풀렸을 때보다 안 풀렸을 때 성장할 기회가 더 많다. 고민한 만큼 성장한다. 정체기야말로 인내력을 갈고 닦을 귀중한 시간이다.

운명을 뒤바꿀 질문 04

**생각처럼 일이 잘 풀리지 않을 때
어떤 다짐을 하는가?**

05

수뢰준
水雷屯

눈 속에서 봄을 기다리는
싹이 움트고자 안간힘 쓰는 시기.
조금씩 움직이라는 의미.
'4대 난괘' 중 하나.

**새로운 도전에는 고통이 동반되나
포기하지 않는 한 실패하지 않는다**

큰 미래를 바란다면 큰 고난도 삼켜라

『주역』에는 '수뢰준'을 비롯해 20 '택수곤', 24 '감위수', 58 '수산건'까지 나란히 '4대 난괘'로 불리는 키워드가 있다. 모두 물의 속성을 지닌 괘인데, 마치 '대흉'의 총집합 같아 무서운 느낌도 든다.

자세한 내용은 각 괘를 다루는 장에서 설명하겠지만, 네 괘 모두 공통적으로 '크게 고생하는 시기'를 의미한다. 하지만 리더라면 이 괘들이 꼭 나쁘지만은 않다. 바로 이러한 점이 『주역』을 읽는 묘미다. 이른바 '수라장 경험'을 통해 환골탈태(換骨奪胎)해 한층 성장할 기회로 삼을 수 있기 때문이다.

현대 경영학에도 경험이 리더를 기르는 데 가장 중요한 요소라고 주장하는 '로밍거(Lominger)의 법칙(70:20:10)'이 존재한다. 로밍거의 법칙은 미국의 리더십 육성 기관인 로밍거에서 우수 실적 경영자 약 200명을 대상으로 실시한 설문 조사를 통해 도출한 결론으로 '리더는 70%의 경험, 20%의 선배 지도, 10%의 교육을 통해 배운다'라는 이론이다.

리더가 성장하기 위해서는 경험이 중요하며, 특히 일류

를 목표로 한다면 다음과 같은 말을 참고할 필요가 있다.

"리더가 성장하기 위해서는 환골탈태할 만한 수라장 경험이 필요하다."

―가나이 도시히로(金井壽宏)[3]

분명 교육만으로는 한계가 있다. 그래서 필자가 담당하는 현장에서는 교육뿐만 아니라 20%의 선배 지도도 받을 수 있도록 임원과 부서장이 '실패 경험 강연'을 진행한다. 나아가 육성 책임자가 '재능 관리 회의'를 마련해 나머지 70%에 해당하는 '경험 설계'에도 힘쓰고 있다.

대표적인 수라장 경험에는 신규 사업이나 신상품 개발 같은 새로운 가치 창출이 있다. 이 과정에는 어쩔 수 없이 크나큰 고난이 수반된다. 그 고난을 '그저 꾹 참고 인내하라'는 『주역』의 교훈만 듣고 견디기란 너무 괴로운 일이다. 다행히 본 괘에서는 이러한 '수난'에서 벗어날 '구조선'도 제대로 마련되어 있다.

---

[3] 일본의 경영학자.

고통 속에서도 웃는 자가 이긴다

본 괘의 '준(屯)'은 출산에 비유한 말이므로 출산 경험이 있는 사람의 이야기를 참고하면 이해하기 쉬울 것이다. 초산을 앞둔 임신부는 미리 리듬에 맞춘 호흡법이나 호흡을 참고 배에 힘을 주는 연습을 한다지만, 이는 무턱대고 힘만 쓰는 일이 아니라는 점이 『주역』의 가르침과 일맥상통한다.

『주역』에는 다음과 같은 일화가 실려 있다.

안내자도 없이 사슴 사냥에 나섰다가 결국 숲속에서 길을 잃고 말았다.
무릇 군자라면 이러한 어설픈 행동은 삼가라.
이 이상 나아간다면 수치를 당할 뿐이다.

이 이야기에서는 '안내자를 동반하지 않은 시점에서 즉시 실수를 인정하라. 이 이상 나아가기를 멈추고 그 자리에 머물러 일단 차분히 반성하라'는 교훈을 전한다. 즉 새로운 가치 창출의 고통으로 괴로운 시기에는 현재에 집중하라는 의미이며, 더 큰 모험을 하기보다 지금까지의 행동을 돌아보고 반성하며 조금씩 개선을 거듭해나가는 것이 바람직하다는 말이다.

실제로 필자의 회사에서 신제품을 선보일 때도 획기적인 변화를 시도하기보다 사소한 부분을 꾸준히 개선했을 때 훨씬 우수한 성과를 낸 사례가 많다.

본 괘는 경영학의 '커리어 이론'과도 의미가 통한다. 일이 생각대로 풀리지 않아 좌절을 겪는 일은 잘못된 사고방식을 반성(내성)하는 계기가 된다. 이는 인내력이나 새로운 깨달음을 얻듯 지금보다 더 수준 높은 능력을 익혀 성장하는 기회가 된다. 그리고 틀림없이 새로운 가치와 희망을 창출하는 확고한 비전, 이를 유지할 수 있는 대담함으로 이어진다.

> "세상의 이치를 아는 자는 이를 좋아하는 자를 이기지 못한다. 좋아하는 자 또한 이를 진심으로 즐기는 자에게는 미치지 못한다."
> —공자

고난을 통해 성장하는 법을 즐길 줄 알게 된다면 그야말로 금상첨화일 것이다. 사람을 이끌기 위해서는 우선 자신부터 이러한 태도를 지녀야 한다.

운명을 뒤바꿀 질문 05

**고난에 처했을 때 이를 즐기기 위해
할 수 있는 일은 무엇인가?**

06 ䷷

화산려
火山旅

**시시각각 변하는 여행길에서
삶의 고독을 느끼는 시기.
여행은 성장의 계기가 된다는 의미.**

여행은 고독하나 귀한 식견을 얻을 수 있으니
여행하는 인생을 살아라

여행한다는 것은 성장한다는 것

고등학생을 대상으로 강연을 한 지 벌써 15년이 넘었다. 학교 선생님들에게 '젊은 시절 고향을 떠나 바깥세상을 경험하라'라는 말을 학생들에게 전해달라는 부탁을 자주 받는다.

필자도 고향을 떠나 도쿄에서 4년간 대학 생활을 하고, 서른두 살부터는 일 때문에 말레이시아에서 3년 반 동안 주재원으로 근무한 적이 있다. 확실히 여행은 인간을 성장시킨다. 낯선 곳에서 생활하며 일하게 된다면 두말할 필요도 없다.

우선 '상실'을 통해 배운 경험이다. 대학 진학으로 고향을 떠나면 이전처럼 가족과 함께 지낼 수 없다. 지금까지 당연히 여기고 누려온 생활이 부모님 덕분에 가능했다는 사실을 비로소 깨닫게 된다. 필자 역시 타지에 혼자 살면서 부모님의 손길이 그리워 쓸쓸한 마음에 통화 도중 눈물을 흘린 적이 있다.

주재원으로 근무하던 시절에는 주변에 의지할 선배가 없었기 때문에 선배의 존재가 절실했다. 이전에는 업무를 보다가 막히는 부분이 있으면 베테랑 선배에게 조언을 구해서 해결했다. 하지만 해외에서는 그럴 수 없었다.

'여행의 덕'을 주제로 한 본 괘에서 말하는 바를 재해석하자면 다음과 같다.

평소에는 당연하게 생각하던 일도 여행지에서는 감사히 여기게 된다.

필자도 도쿄 생활과 해외 발령이라는 여행을 통해 부모님과 선배에게 다시금 감사하는 마음을 갖게 됐다. '감사하다(有難い)'라는 한자에 담긴 깊은 의미도 절실하게 와닿았다. 문자 그대로 '있기 어려운 일', 즉 매우 소중하다는 뜻이다.

차이를 마주하면 고정관념이 깨진다

말레이시아에 부임한 지 얼마 안 됐을 때는 하루하루가 문화 충격의 연속이었다. 특히 화장실을 보고 정말 당황했다. 항상 바닥이 질척질척 젖어 있었기 때문이다. 하루는 변기 시트가 물투성이인 데다 발자국까지 선명하게 찍힌 모습을 보고 깜짝 놀랐다. 너무 화가 난 나머지 경영 회의를 중단하고 하소연했다.

"이런 말도 안 되는 매너가 어디 있습니까!"

그러자 이 말을 들은 직원들이 모두 웃기 시작했다. 이유를 들어보니 말레이시아인은 대부분 이슬람교도로, 화장실을 사용한 후 왼손을 물에 적셔 뒤처리하는 것이 '상식적인' 매너라고 했다. 그래서 언제나 변기 옆에 호스가 놓여 있고 바닥에 물이 흥건한 것이 당연하다고 했다. 우리 같은 상사 전용 화장실은 일본인이 요청해 서양식 고급 변기를 설치해둔 탓에 현지 직원들은 신발을 벗고 변기에 올라가야 한다며 오히려 배려한 것이라고 한 소리 듣고 말았다. 생각해보니 일반 직원용 화장실은 모두 걸터앉는 시트가 없는 옛 변기 타입이었다. 하지만 필자는 물러서지 않고 대꾸했다.

"양변기가 있는 화장실에서는 휴지를 쓰는 게 현대인의 '상식' 아닙니까?"

그러자 이에 반박하는 대답이 돌아왔다.

"일을 본 다음에 물로 씻지 않고 휴지로만 마무리하면 찝찝하지 않아요?"

그날 이후 자신의 무지를 깨닫고 다른 직원들과 마찬가지로 신발을 신은 채 변기에 올라가는 습관을 들이게 됐다. 말레이시아에서는 그 밖에도 일본인에게는 상식적이지만 현지 직원들이 볼 때는 특이한 점을 여럿 지적받았다.

현지 직원   "제가 점검할 부분을 빠뜨리는 바람에 작업 기계가 고장 났습니다."
일본인   "사과하게!"
현지 직원   "죄송합니다."
일본인   "알겠네. 다음부터는 주의하게."
현지 직원   "사과만 하면 그냥 용서해주시는 거예요? 문제가 해결되는 건 아니잖아요?"

또 어느 날은 말레이시아인 직원이 동료에게 하는 말을 들은 적이 있다.
"일본인이 '못해요'라고 해도 믿지 마."
너무 정곡을 찔린 나머지 감탄하고 말았다. 필자는 이처럼 여행을 통해 넓은 세상을 경험했다.

새로운 경험은 성장을 만든다

사람을 이끄는 위치에 있는 사람이라면 여행을 통해 '로마에 가서는 로마법에 따르는' 유연성과 변화에 대처하는 능력을 기를 수 있을 뿐만 아니라 '자신의 고정관념을 의심하는 힘'을 갖춤으로써 한층 더 성장할 수 있다.

미지의 장소에는 새로운 가능성이 있다. 그곳에 무언가 있을 것 같다는 생각이 든다면 용기를 내서 떠나보자. 그곳에서 새로운 생활을 시작하게 될 것이다.

"20년 후 자신이 했던 일보다 하지 못했던 일을 후회할 것이다. 안전한 항구를 떠나 무역풍을 동력 삼아 탐험을 떠나라. 꿈꾸어라. 발견하라."

—마크 트웨인(Mark Twain)

여행길에서는 예상치 못한 일이 벌어진다. 이를 어떻게 받아들일지는 자신에게 달렸다. 여행할 때는 불확실한 상황에서도 다른 사람을 신뢰하고 그 상황을 즐길 줄 알아야 한다. 여행을 통해 형성된 끈끈한 유대감이야말로 우리를 성장시킨다.

"여행 그 자체가 곧 목적이다."

—요한 볼프강 폰 괴테(Johann Wolfgang von Goethe)

    예측할 수 없는 상황에서도 자신의 가능성을 믿고 적극적인 모험심으로 여행의 설렘과 새로운 성장을 즐기자.

운명을 뒤바꿀 질문 06

**당신에게는 상식적인 일이 타인에게는
통용되지 않았던 경험이 있는가?**

07

산수몽
山水蒙

**미숙함을 의식하는 시기.
배움을 통해 자타의 가능성을
발굴하라는 의미.**

늘 자신의 미숙한 점을 찾아내고
배울 상대를 찾아 가르침을 얻어라

따르고 싶은 리더의 조건

다음 2명의 리더 중 누구를 믿고 따르고 싶은가?

리더 A "난 웬만한 건 다 알고 있지. 뭐든 알려줄 테니 언제든 질문하러 오게."

리더 B "난 지식이 부족해. 자네가 알고 있는 것을 가르쳐 주었으면 하네."

『주역』에서는 B를 선택하는 것이 길하다고 본다. 막대한 성장 잠재력을 지니고 있기 때문이다. 반면 A는 성장하고자 하는 자세가 부족하고 중요한 충고에 귀 기울이지 않는다는 점에서 흉에 해당한다. 그리고 결국 어려운 상황에 빠지고 마는 미래를 예고한다.

오늘날은 한 치 앞을 내다볼 수 없는 시대다. '앞날을 훤히 알고 있다'라고 말하는 리더는 일단 의심해야 한다. 사람은 자신이 미숙하다는 사실을 깨달았을 때 비로소 성장한다. 성장은 변화를 감지하고 지식을 흡수하는 능력이다. 이처럼 여러 지식을 끌어당기는 힘을 『주역』에서는 '음의 힘'이라고 한다.

배우는 것을 두려워하지 마라

리더가 갖추어야 할 음의 힘을 설명하기 전에 '기량과 도량'을 이해하는 것이 필수다. 기량이란 행위나 기술과 같은 '양(陽)=미는 힘'을 의미한다. 도량이란 경청이나 그릇의 크기, 마음가짐 같은 '음(陰)=당기는 힘'이자 '받아들이는 힘'을 의미한다. 배우는 자세는 음의 힘에 해당한다.

"바람 소리에서도 배우는 자가 있으니."

—마쓰시타 고노스케(松下幸之助)[4]

배우고자 하는 의지만 있다면 어디에서든 배울 수 있다. 리더를 육성하는 현장에서도 '학습력'에서 비롯된 차이가 명확하게 보인다. 『주역』에서도 '온 세상에서 배우고자 하는 힘을 길러라. 눈앞의 자연에서도 배울 점은 얼마든지 있다'라며 배움을 거듭 강조한다.

예를 들어 사계절은 봄, 여름, 가을, 겨울로 변하지만, 그 순서는 변하지 않는다. 이를 통해 세상에는 '변하는 것과

---

[4] '경영의 신'이라 불리는 일본 파나소닉 창립자.

변하지 않는 것'이 존재한다는 사실을 알 수 있다.

하이카이(俳諧)[5]를 예술의 경지까지 끌어올린 마쓰오 바쇼(松尾芭蕉)가 말한 '불역유행(不易流行)'이 바로 이런 의미다. '불역'은 변하지 않는 것, '유행'은 변해가는 것을 뜻한다. 그는 대자연을 소재 삼아 '변하는 것과 변하지 않는 것'을 작품으로 표현함으로써 견고한 기반을 갖춘 새로운 예술을 탄생시켰다. 이 사실을 통해 배움에는 다양한 길이 있음을 알 수 있다. 『주역』에는 배움과 성장에 관련해 다음과 같은 예가 등장한다.

> 훌륭한 인물은 배움(學)으로써 지식을 쌓고 질문(問)함으로써 이를 나누며 관대(寬)하게 이에 임하고 인(仁)으로 이를 행한다.

'학문'의 어원이라 불리는 문구다. 학문은 단순한 지식의 수집이 아닌 대화와 관대함, 어진 마음, 실행력 등 인간적 성장까지 포함한 개념임을 알 수 있다. 이런 말도 있다.

---

5 웃음과 해학을 담은 짧은 시.

가르치는 자가 배우는 자를 구하는 것이 아니라 배우고자 하는 자가 스승을 찾아 가르침을 청하는 것이 교육의 본질이다.

교육을 양의 힘, 학습을 음의 힘에 빗댄 말로 '구하라, 뜻하면 얻을지니', '하늘은 스스로 돕는 자를 돕는다'와 같은 서양의 자립 촉진적 교육 이론과 의미를 같이한다.

일본에서도 막부 말에 '계몽'과 '개발교육'을 제창하는 움직임이 있었는데 이때 啓(계)와 開(개)라는 한자를 사용했다. 앞에서 설명한 education(교육)의 어원이나 『주역』의 교육철학과도 상당 부분 일치하며, '사람이 본래 지닌 가능성을 이끌어내는 것이 교육'이라는 본질이 시대와 국경을 초월해 통용된다는 사실이 놀라울 뿐이다.

운명을 뒤바꿀 질문 07

**당신과 가까운 사람을 스승으로 삼는다면
어떤 가르침을 받고 싶은가?**

2부

승자는 나를 위해
남을 살핀다

연결

08

지산겸
地山謙

낮은 자세로 겸허히 나아가는 시기.
항상 겸손한 태도를 유지해야
길하다는 의미.

하루빨리 활약하고 싶다면
과거의 경험과 지식은 잊어라

겸손함은 최강의 처세술이다

본 괘에서는 '겸손함'의 가치를 상세하게 설명한다. 겸손함은 언뜻 상대방에게 굽히고 들어가는 듯한 인상을 주지만, 효과적 측면에서는 최강이라고 할 수 있다. 겸손함 또한 앞에서 언급한 음의 힘에 해당하며, 『주역』에서는 수차례에 걸쳐 그 가치를 언급한다. 그렇다고 해서 늘 낮은 자세를 유지해야 한다는 의미가 아니며, 때와 장소를 가려 대응할 필요가 있다는 뜻이다.

상대방에게 가르침을 청하고 지도받아야 하는 아랫사람이거나 아직 어색한 상황에서 신뢰 관계를 형성할 필요가 있을 때 겸손한 태도를 보이면 길하다. 『주역』에서는 리더나 사장처럼 남들보다 높은 자리에 있는 사람이라도 겸손하다는 평가를 받으면 상황이 긍정적으로 흘러간다고 말한다.

01 '화수미제'에서 살펴본, 강을 건너려다 실패한 작은 여우 이야기에서도 비록 미숙하더라도 겸손한 자세로 도전하면 반드시 건널 수 있다고 격려한다. 그만큼 겸손은 중요하며 강력한 힘을 지니고 있다.

새로운 직장에서는 과거의 영광을 잊어라

겸손함의 중요성은 요즘 기업 인사의 단골 소재인 '온보딩(on-boarding)'에도 적용할 수 있다.

온보딩이란 본래 '선박이나 비행기를 타다'라는 의미의 '온보드(on-board)'에서 파생된 말로 신입 승무원이나 승객에게 필요한 지식이나 기술 등을 지원해 환경에 적응하도록 하는 프로세스를 가리킨다. 인사 용어로 쓸 때는 기업이 새로 채용한 인력을 직장에 배치하고 조직의 일원으로 자리 잡도록 해 업무 능력을 갖출 때까지 지원하는 일련의 과정을 말한다. 전후 고도성장을 지탱해온 일본식 경영 시스템 '신졸 채용(新卒採用)'[1]은 사업이 글로벌화됨에 따라 미국식 경영 시스템인 '직업형 고용'으로 변화하는 과정에서 감소 추세를 보이는 한편, '경력자(커리어) 채용'은 급격히 증가하고 있다. 따라서 경력자들은 하루빨리 회사와 직장에 적응해 활약하고자 한다.

물론 직장에 빨리 적응하느냐 마느냐는 상호 간 문제이

---

[1] 대학 재학 중 채용을 결정해 졸업 후 바로 정사원으로 입사해서 근무하도록 하는 일본의 관례적 고용 형태.

므로 회사와 당사자가 함께 주의를 기울이며 적응해나가려 노력해야 한다. 한편 경력직 입사자는 '데와노카미(出羽守)'가 되지 않도록 주의할 필요가 있다.

데와노카미란 오사카 여름 전투(大坂夏の陣)[2] 당시 불길에 휩싸인 오사카성에서 목숨을 걸고 공주를 구출한 전설의 무장인 '사카자키 데와노카미 나오모리(坂崎出羽守直盛)'의 이름에서 비롯된 것으로 추측되나 오늘날에는 엉뚱한 의미로 쓰인다. 지금은 "이전 회사에서는 이랬는데", "전 직장에서는 저랬는데" 식으로 걸핏하면 전 직장 이야기를 하는 사람을 비꼬는 말로 사용된다. 당사자는 악의 없이 말했을 가능성이 높지만, 듣는 사람에게 부정적 인상을 심어주기 쉽다. 듣는 사람은 잘 지내고자 일단 상대방에게 맞춰주기는 하지만 '겉과 속이 다른' 복잡한 일본인이라면 '받아주니 신나서 떠드는 사람은 멀리하는' 것이다.

사카자키 데와노카미도 자신의 이름이 이런 식으로 쓰인다는 사실을 알면 억울할 것이다. 이왕 이직까지 했으니 조금 아깝더라도 새로운 직장에서는 과거의 영광을 훌훌

---

2 1615년 에도 막부와 도요토미 일족 사이에 권력 다툼으로 발생한 전쟁.

털어버리는 편이 좋다. 그것이 겸손하다고 인정받고 신뢰받으며 새로운 직장에 빨리 적응해 활약하는 길이다.

존경받는 리더가 겸손보다 먼저 지녀야 할 마음가짐

한편 겸손을 버리고 단호하게 행동해야 할 때도 있다. 남들보다 높은 위치에서 자신의 자리를 위협받아 이를 지켜야 할 때다. 예를 들어 부하 직원이 중요한 지시에 따르지 않았을 경우 상사가 엄격하게 꾸짖지 않는다면 부하에게 무시당하기 쉽다.

이는 시대를 불문하고 통용되는 일로 적의 습격을 받았을 때도 마찬가지다. 유사시에 우물쭈물하는 사람은 리더로서 실격이다. 누구도 안심하고 따르려 하지 않는다. 그러므로 리더는 의연한 태도로 적의 습격을 막아내야 한다.

하지만 평소 주변에서 겸손하다고 인정받는 사람이라면 불안해할 필요가 없다. 그 자세를 유지하고 겉과 속이 일관된 자는 위기에 처했을 때 노련한 완급 조절로 강인함을 증명할 수 있으며, 이는 결정적인 순간에 발휘되어 효과를 보게 된다.

> "꾸짖을 점이 있어 꾸짖어야 할 사람들을 꾸짖어야 할 때,
> 꾸짖는 동안에만 노여워하는 자는 존경받는다."
> ─아리스토텔레스

이처럼 남들이 칭찬하며 '이 사람을 따르고 싶다'라고 존경하는 대인배란 그저 겸손하다거나 꾸짖기만 한다고 해서 될 수 있는 단순한 존재가 아니라 복잡한 상황을 판단하는 능력과 뛰어난 통찰력까지 갖추어 최적의 행동을 취할 수 있는 사람을 의미한다.

『주역』에서도 최고의 대응을 '시중(時中)', '시의적절(時宜適切)', '중용(中庸)' 등으로 표현한다. 때와 장소에 맞게 적절한 행동을 하는 사람이라는 뜻이다.

운명을 뒤바꿀 질문 08

겸손함이란 무엇이라 생각하는가?

09

풍화가인
風火家人

집안의 안전이 최우선인 시기.
자신을 지지해주는 가정과 가족을
먼저 살피라는 의미.

문제가 생겼을 때일수록
곁을 지켜주는 사람을 떠올려라

자신을 지지해주는 사람을 쉽게 잊지 마라

『주역』이 우리에게 안내하는 삶의 방식은 단연 '훌륭한 인물이 되는 일', 즉 '대인'이나 '군자'로 성장하는 것이다. 흥미로운 사실은 인간이 나약하다는 것을 너무 잘 아는 나머지 인간의 어리석은 본성을 애정 어린 마음으로 바라볼 때도 있다는 점이다. 바로 이것이 '소인'의 개념이다.

소인이란 대인·군자와 반대되는 개념으로 훌륭하지 않은 인물을 가리킨다. 별다른 인물을 의미하는 것이 아니라 동일 인물에 잠재된 '빛과 어둠', 다시 말해 '양과 음'의 양면을 지닌 다른 인격을 말한다. 아무리 성장해서 훌륭한 사람이 된다 해도 소인은 여전히 자신 안에 존재한다.

그러므로 내 안에 잠재된 소인의 존재를 인정하고 함께 살아가고자 하는 각오가 필요하다. '인간은 나약하다', '나 또한 나약하다' 같은 기본적인 생각이 흔들리지 않는 한 자신의 단점이나 나약함에 대한 자각과 반성을 통해 한층 더 성장하게 되며, 마침내 대인·군자의 경지에 이르게 된다.

인간의 나약한 면모는 일이 잘 풀릴 때일수록 쉽게 드러난다. '호사다마(好事多魔)'인 셈이다. 마음이 들떠 있으면 위기 대응을 게을리하게 되고 위기를 맞으면 패닉 상태에 빠지고 만다. 방심한 만큼 눈앞이 캄캄해지면서 은인의 존재까지 잊어버리고 더 이상 희망이 없다며 절망한다.

변화는 내면에서부터 시작된다

천재지변이나 사건, 사고에 휩싸려 손쓸 도리가 없는 위기에 처한 때일수록 '지금까지 당연하다는 듯 늘 자신을 지지해준 주변 사람들'을 떠올려야 한다. 그리고 우선 자기반성을 하며 스스로를 바꿔야 한다. 그 과정이 결국 자신을 구할 것이라고 『주역』에서는 말한다. 스스로를 바꾼다는 말은 지지해주는 사람들을 떠올리고 감사하는 마음을 갖는다는 의미다. 이와 관련된 명언이 있다.

"수신(修身)·제가(齊家)·치국(治國)·평천하(平天下)."
—「대학(大學)」, 『예기(禮記)』

사람을 이끄는 '대인'이 지녀야 할 마음가짐을 이르는 명언이다. '우선 자신을 바르게 가다듬고(수신), 집을 안전하고 안심할 수 있는 곳으로 만들어야 한다(제가). 수신·제가가 되어야 나라를 평안하고 태평하게 다스릴 수 있다(치국). 이 모두가 가능해야 비로소 천하 평화를 이룰 수 있다(평천하)'라는 의미다.

영국에도 이와 비슷한 명언이 있다.

> 한창 젊었을 무렵, 자유롭고 상상력이 넘치던 시절 나는 세상을 바꾸고자 하는 꿈을 꾸었다.
> 나이를 먹고 철이 들자, 세상이 바뀔 일은 없다는 사실을 깨닫고 시야를 약간 좁혀 내 나라만이라도 바꿔야겠다고 결심했다. 하지만 그마저도 불가능해 보였다.
> 노년기에 접어들어 마지막 힘을 다해 적어도 나와 가장 가까운 존재인 가족을 바꾸어보려 했지만, 아아, 슬프게도 이 또한 이루어지지 않았다.
> 그리고 지금, 죽음을 앞둔 순간 불현듯 깨달았다. 만약 내가 나만이라도 먼저 바꾸고자 했다면 스스로 모범이 되어 가족을 바꿀 수 있었을 것이다. 그리고 가족의 응원과 격려를 받아 내 나라를 바꿀 수 있었을 것이다. 어쩌면 나는 이 세상도 바꿀 수 있었을지 모른다.
>
> (출처: 영국 웨스트민스터 사원의 주교 비석에 새겨진 글)

존경받는 리더는 시대나 국가를 불문하고 일관된 자세를 유지한다. 이러한 모습은 오늘날의 우리에게도 귀감이 되어 흔들리지 않는 축을 찾아낼 수 있도록 도와준다.

운명을 뒤바꿀 질문 09

지금 가장 먼저 다스려야 할 것은 무엇인가?

10

태위택
兌爲澤

수다 떠는 일이 즐거운 시기.
하지만 '구시화문(口是禍門)'인 만큼
각별한 주의가 필요하다는 의미.

**타인을 칭찬할 때는
말실수하기 쉽다**

입은 재앙의 근원이다

'입은 재앙의 근원'이라는 말은 너무나 잘 알려진 말이다. 이 말이 유명해진 이유는 무엇일까?

> "입은 재앙을 불러오는 문, 혀는 몸을 베는 칼일지니."
> ―『고금사문유취(古今事文類聚)』

즉 '입을 함부로 놀리면 화를 입게 된다. 혀는 칼처럼 자신을 상처 입힐 수 있는 위험한 것이다'라는 의미다. 정곡을 찌르는 지극히 현실적인 말이다. 아무리 나이가 들어도 의식할 필요가 있기에 자주 언급하는 것이다.

아무리 그래도 중국의 고전 경구가 여전히 통용된다는 사실에서 인간이 발전하는 속도가 얼마나 더딘지 새삼 깨닫는다. 독일 철학자 게오르크 빌헬름 프리드리히 헤겔(Georg Wilhelm Friedrich Hegel)은 '역사에서 배워야 할 가장 중요한 교훈은 인간은 역사에서 그 무엇도 배우지 못한다는 사실이다'라고 했다. 철저한 반성이 필요하다. 이처럼 인간의 변치 않는 결점을 끊임없이 반성하는 일도 우리가 지켜야 할 흔들리지 않는 축 중 하나다.

수다 떠는 일은 즐겁다. '타인의 입에 문을 달 수는 없다'라는 말이 있듯 인간은 남 이야기를 하는 것을 매우 좋아한다. 이런 글까지 있을 정도다.

> "최근 뇌 과학 연구에서는 사람들이 '(자신보다 열위에 있는 사람과 비교하는) 하향 비교'를 할 때는 '보상'을 느끼는 뇌 부위가 활성화되고 '(자신보다 우위에 있는 사람과 비교하는) 상향 비교'를 할 때는 '손실'을 느끼는 뇌 부위가 활성화된다는 사실이 밝혀졌다. 뇌는 '열등한 사람'은 보상으로, '뛰어난 사람'은 손실이라고 느끼는 것이다."
>
> ─다치바나 아키라, 『바보와 무지(バカと無知)』

결국 인간은 자기 기준에서 열등한 듯 보이는 타인의 실패나 오점을 비판함으로써 스스로 우위에 있다고 판단하며 쾌감을 느낀다는 것이다. '타인의 불행은 나의 행복'이라는 말처럼 안타깝지만 인생은 성선설뿐 아니라 성악설 관점에서 바라보아야 하는 순간도 있다는 사실을 기억해야 한다.

세상에는 적군과 아군 모두 있다

특히 요즘은 스마트폰과 인터넷이라는 간편한 전달 매체를 늘 손안에 두고 사용하기 때문에 상대방과 얼굴을 마주할 용기조차 필요 없으며, 그 덕분에 평소라면 말하기 껄끄러운 비판이나 악담도 주저 없이 내뱉을 수 있다. '정의 구현자'나 '고발자 행세' 등을 하며 살벌한 발언도 거침없이 쏟아낸다. 필자도 이러한 비판에 시달린 경험이 있다. 바로 블로그 악플 사건이다.

남쪽 나라 말레이시아에서 공장 근무를 마치고 일본으로 돌아왔을 때 '우울한 일본인'의 모습에 역으로 문화 충격을 받았다. 이대로는 안 되겠다 싶어 '우선 회사 분위기부터 밝게 바꿔보자!'라는 포부를 안고 희망찬 마음으로 사내 블로그를 개설했다. 타이틀은 '밝음의 원천'이었다.

"기운 냅시다! 우리가 힘을 내야 회사도 밝아집니다!"

"길이나 전철에서 마주쳐도, 언제 어디서든 일본인은 왜 이렇게 우울해 보일까? 왜 엘리베이터를 타면 남과 눈도 마주치지 않으려 하고 어두운 표정으로 바닥만 볼까?"

이렇게 전 직원을 대상으로 의기양양하게 밝은 기운을 전하고자 했다. 당연한 결과지만 며칠 후 수많은 비판에 시달렸다. 악플, 또 악플, 끊임없는 악플의 나날이었다. 아침마다 오늘은 또 어떤 악플이 달렸을까 하는 걱정에 컴퓨터를 켤 때마다 속이 울렁거렸다. 점심시간에 구내식당을 가도 수군거리며 비웃는 소리가 들렸다.

"밝은 블로그인지 뭔지 하는 사람, 또 악플 달렸던데?"

블로그를 운영하는 사람은 본명을 사용하지만, 비판하는 사람은 모두 익명이라는 사실이 더 괴로웠다. 비판하는 주체가 누구인지도 모르는 채, 마치 암흑 속에서 공격받는 듯한 지옥 같은 공포를 느꼈다.

그러던 어느 날 데이터를 분석하다가 블로그 접속자 수가 꾸준히 늘었다는 사실을 알게 됐다. 악플이 달릴 때마다 급증한 듯했다. 그렇게 전환점이 찾아왔다.

"악플러들, 무작정 비판만 하지 말고 본인들도 뭔가 하지 그래? 난 이 블로그 계속 응원하고 있어." (작성자: 백마의 기사)

감동한 나머지 온몸이 떨렸다. 그 후 블로그를 응원하는 사람들이 조금씩 늘다가 어느 순간 사내에서 사장님 다음으로 인기 있는 블로거가 됐다. 이 경험을 통해 '꾸준히 도전하면 반드시 아군이 나타난다'라는 귀중한 교훈을 얻었다.

본 괘에서는 '말의 파급력'을 주제로 거듭 교훈을 전한다. '언행을 신중히 하라', '실언했다면 자신의 경솔함을 반성하라' 같은 말을 전하며, 이는 훗날 '교언영색(巧言令色)하는 자 중 어진 이는 드물다'라는 공자의 말부터 '첨언밀어(諂言蜜語)', '감언이설(甘言利說)' 같은 경구로 남아 지금까지 전해지고 있다.

- 사도(邪道)를 멀리하고 정도(正道)로 돌아가라.
- 사리사욕을 삼가고 본래의 목적에 전념하라.

『주역』에서는 '말'이란 이토록 중요하므로 입을 잘 단속하면 크나큰 덕으로 이어진다고 강조한다.

운명을 뒤바꿀 질문 10

**선의로 한 말이
의도와 다르게 전달된 적이 있는가?**

11

택산함
澤山咸

**감성과 느낌이 중요한 시기.
다만 쾌락에 빠지기 쉬우므로
주의하라는 의미.**

협상은 연애와도 같은 것,
상냥하고 부드럽게 상대방을 감동시켜라

연애를 떠올리게 하는 '감정의 힘'

『주역』에서 드물게 연애와 관련된 이야기를 다루는 괘다. 자극적인 표현도 등장한다는 점이 흥미로운데, 연애 또한 인생의 중대사라는 의미다. 짧게 정리하면 다음과 같은 내용이다.

젊은 여자와 젊은 남자가 서로의 존재를 깨닫고 이성이 흐려진다.
엄지발가락도 간질간질하다. 그렇지만 아직 움직여서는 안 된다. 종아리에 느껴지는 쾌감에 넋을 잃은 듯하다. 하지만 아직 자세를 무너뜨려서는 안 된다. 매력적인 상대방이 다가오더라도 뒷일이 걱정스럽다. 반응해서는 안 된다. 여지를 주는 듯 아슬아슬한 태도를 취하니 비슷한 무리가 몰려든다. 마음은 대단치 못한 일에 동요하기 쉽다. 흔들림 없이 자신을 지켜라. 둔하다는 소리를 듣더라도 모르는 척 있으면 무탈하다.
마침내 '별미'를 맛본 듯한 행복을 느끼게 된다! 쾌락에 몸을 맡겨도 되나 뒤편에 위험이 잠재되어 있음을 잊지 마라. 말만 번지르르할 수도 있다. 위험한 것은 자신의 입일지도 모른다.

마음에 진정성이 없으면 결국 전부 수포로 돌아간다.

쾌락에 빠지지 않도록 주의하라

본 괘에서는 감정의 힘을 설명하는 만큼 감성과 같은 센스도 긍정적으로 바라본다. 멋진 디자인이나 근사한 선물 등 사람의 기술로 완성된 예술은 커다란 감동을 주고 높이 평가받는다. 쾌락과 직결된 이 기술은 동기부여 측면에서는 긍정적이다. 하지만 여기에는 결정적인 함정도 숨어 있다. 쾌락만큼 사람을 쉽게 망가뜨리는 것은 없기 때문이다.

커리어 이론에서도 '커리어를 쌓는 데 실패하는 이유는 단점보다 장점 때문인 경우가 많다'라는 말이 있다. 자신이 유능하다는 사실을 어필하는 것은 기분 좋은 일이지만, 과연 상대방이 보았을 때도 그 모습이 유쾌하게 느껴질까? 자신감이 넘칠 때일수록 자만심이 생겨 실수하기 쉽다는 사실을 잊어서는 안 된다.

『주역』에서는 '성(誠)'이 중요하다고 설명한다. 성이란 '반성'을 의미한다. 반성하지 않는 사람은 성장하기 어렵다. 성장이란 곧 타인을 성의 있게 대하고 자기반성을 하는 일이다.

감성을 발휘하는 일은 효과적이기는 하나 그만큼 위험이 잠재되어 있다. 반성 없이는 감동 역시 오랫동안 유지하기 어려우며, 도리어 위험에 빠지기 쉽다.

운명을 뒤바꿀 질문 11

**감언이설에 혹했던 경험이 있는가?
이를 방지할 방법은 무엇인가?**

12

손위풍
巽爲風

**우유부단(優柔不斷)은 금물인 시기.
바람의 덕성에서 가르침을 얻으라는 의미.**

원활한 인간관계를 위해서는
바람처럼 부드럽게 미소 지어라

바람으로부터 유연함을 배워라

본 괘에서는 사람이 취해야 할 태도를 '바람'에 빗대어 다음과 같이 설명한다.

> 가까운 것, 사소한 일에는 바람처럼 행하는 것이 좋다. 원활한 인간관계를 구축하기 위해서는 부드럽게 미소 띤 얼굴로 상대방을 대해야 한다. 들어가고자 하는 곳에는 바람처럼 유연하게 들어가 살포시 자리 잡으면 된다.
>
> 하지만 중대한 일을 결정할 때는 이렇게 해서는 안 된다. 줏대 없이 기웃대는 우유부단한 자세는 화를 부르고 만다. 발을 헛디디지 않도록 주의를 기울이며 신중하게 행동해야 한다.
>
> 이러한 때일수록 신뢰할 수 있는 상사나 선배의 의견을 듣고 조언을 따라야 한다. 대의를 따르는 일 또한 바람의 덕이다. 바람에서 배울 점은 수없이 많다.

바람은 유연성과 가벼운 움직임 등 많은 장점을 지니고 있다. 가까운 것, 사소한 일, 극심한 변화 등을 대할 때는 바람처럼 행동하는 편이 좋다.

바람 같은 리더가 주의할 점

하지만 지나침은 금물이다. '바람 같은 리더'를 안심하고 따를 수 있을까? 일관성이 없고 주체성도 확립하지 못한 '줏대 없는 리더'는 곤란하다. 본 괘는 '바람처럼 자기 신념을 지니지 못한 사람'을 날카롭게 비판한다.

자기 신념을 확립하지 못한 사람은 겸양의 미덕을 지니기는커녕 단순한 위선자에 불과하다. 매정하고 신뢰하기 어려운 자라며 주변에서 꺼리게 된다. 분별없이 굽신대고 여기저기 들러붙는 모습은 그저 비굴할 뿐이다.
주변인들은 성의 없는 내면을 알고 있다. 분별력과 긍지를 갖고 자기 모습을 되찾아라. 하루빨리 반성하고 고치지 않는다면 걷잡을 수 없을 것이다.

더 냉정한 이야기도 있다.

왕의 침실에 슬금슬금 들어간 것도 모자라 침상 밑까지 다가가서 굽신대는 자가 있다. 단순한 위선자다. 자신을 완전히 잃어버린 사람이다. 이는 겸손과는 동떨어진 별개의 비굴함이다.

여기서 멈추지 않고 사리사욕을 채우고자 교언영색으로 꾸밀 것인가? 필요 이상으로 아첨하며 굽신댈 생각인가? 결국 주변으로부터 소외되어 재산도 지위도 권위도 모두 잃게 될 것이다.

신랄한 내용이다. 그만큼 지나침은 해악이다. 그저 겸손한 태도를 보인다거나 단순히 칭찬만 하면 된다는 식의 가벼운 사고방식이 얼마나 타인의 신뢰를 잃게 하는지 신중하게 생각해야 한다. 반대로 존경받는 사람의 깊은 내면은 이러한 사실을 의식하고 있다는 점에서부터 다르다.

마지막에는 바람이 지닌 덕을 응원하는 말도 나온다.

만약 타인을 격려해 일치단결할 수 있다면, 깊은 신뢰를 얻어 큰 성과를 내게 될 것이다. 그때야말로 바람처럼 날렵하게 움직여라.

겸손하되 비굴해선 안 된다. 유연하되 흔들려선 안 된다. 이것이 『주역』에서 바람에 빗대어 전하고자 한 교훈이다.

바람을 받아들이고 살아가라

현대사회에서 바람은 역경(逆境)을 마주하는 도전 정신을 논할 때도 자주 언급된다.

"연은 순풍이 아닌 역풍을 만났을 때 높이 날아오른다."
— 윈스턴 처칠(Winston Churchill)

그림 5 〈감인류화찬(堪忍柳画賛)〉 - 센가이 기본

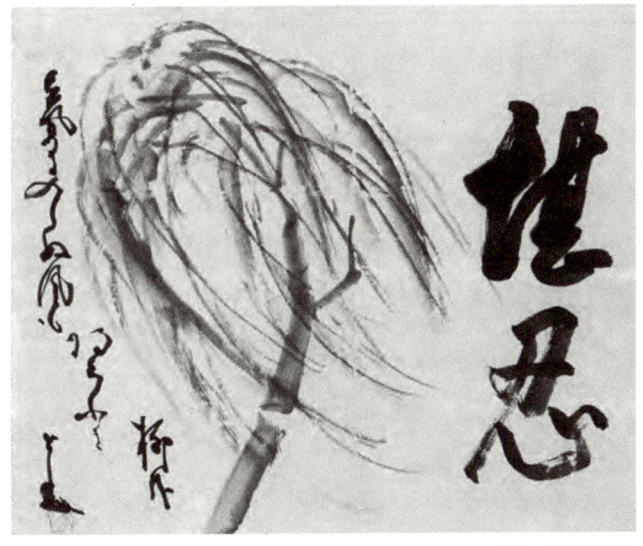

출처: 이데미쓰 미술관

끝으로 바람과 관련해 센가이 기본(仙厓義梵)의 작품인 그림 5를 소개하고자 한다.

'감인'이라는 묵직하고 큰 글씨가 시선을 끄는 한편, 왼쪽에는 바람처럼 경쾌한 필체로 '아무리 거친 바람이 불어도 묵묵히 몸을 맡긴 채 흔들리는 버드나무'라는 글귀가 쓰여 있다. 엄숙한 도덕적 구절과 느슨히 힘을 뺀 듯한 문구가 한 그림에 공존한다. 마치 사람을 놀리는 듯한 느낌이 들어 같은 생명체인 버드나무가 이해되기까지 하는 따뜻하면서도 유머러스한 그림에 자신도 모르게 빠져든다.

바람에 동요하지 않는 달관의 경지. 언젠가는 이러한 경지에 도달했으면 한다.

운명을 뒤바꿀 질문 12

유연한 자와 우유부단한 자 중 누가 더 강한가?

13

천화동인
天火同人

다 함께 사이좋게 나아가는 시기.
동지 간의 유대를 소중히 여기며
공명정대하게 당당히 나아가라는 의미.
'동인지(同人誌)'의 어원.

뜻을 공유하고 열린 마음으로 대화하면
팀은 강해진다

팀의 의사소통 균형을 맞춰라

단순히 사람만 모였다고 해서 '팀'이 되지는 않는다. 집단 활동을 촉진할 만한 퍼실리테이션 같은 다양한 방법을 고안해야 한다. 본 괘는 '동인지'의 어원인 '동인'이라는 제목답게 중요 업무를 잘 처리할 수 있는 강한 팀을 만드는 덕을 설명한다. 중요한 내용이 담긴 만큼 하나씩 살펴보고자 한다.

정정당당하고 공명정대하게 다 같이 사이좋게 나아가라.
그렇게 하면 거대한 강을 마주하더라도 분명 건널 수 있다.
하지만 만약 사리사욕을 꾀하는 자라면 기회는 없다.
자신이 먼저 마음을 열고 진심으로 속마음을 터놓을 수 있는 상대방과 손잡는 일이 우선이다.

주의할 점도 나와 있다.

가족이나 일가친척과만 교류하는 인간관계는 너무 좁다. 편중되지 않은 넓은 시야를 지녀라. 입지를 조금 다졌다고 해서 상사에게 반기를 든다 해도 헛수고일 뿐이다. 분에 넘치는 야심은 실패의 근원이다.

힘이 약간 붙었다고 해서 상대방을 공격해서는 안 된다. 이는 자신의 역량을 넘어선 일이다. 행동을 삼가고 자중하며 단념하는 것이 현명하다.

그릇이 작은 자의 성의 없는 행위는 '동인'의 정신에서 보면 모두 실패로 귀결된다. 그러한 태도로는 아무리 시간이 흐른다 해도 큰일을 해내기 어렵다.

퍼실리테이션도 참가자가 모두 목적을 공유하고 편히 논할 수 있는 환경이 아니라면 성립하지 않는다. 서로 대등한 입장이라야 공평한 논의가 가능하며, 솔직하고 올바른 결론을 도출할 수 있다.

두터운 우정은 웃음으로 돌아온다

『주역』에는 '금란지교(金蘭之交)'의 어원에 관한 이야기도 실려 있다.

동지가 같은 뜻을 품고 있으면 그 단단함이 금을 끊을 정도이며, 진정한 우정의 아름다움은 향기를 발하는 난초와도 같다.

강한 유대를 쌓아가는 단계도 제시한다.

처음에는 흐느끼고 고함치며 괴로워하나 훗날에는 웃을 수 있다. 벗과 만남으로써 막혔던 문제가 해결된다면 적극적으로 움직여라. 마지막에 웃는 것은 자신이다.

이야기 마지막 부분에는 여운을 남기는 말이 등장한다.

동지가 교외에 모였다. 더 이상 후회는 없다.

이 말을 회사 생활에 대입하면 본사에서 무리하게 출세하려 하지 말고 한발 물러나 지방에서 만족을 찾으라는 의미라 할 수 있다.

필자는 지방으로 좌천됐을 때 대역전의 서사를 써낸 다무라 준(田村潤)의 『기린 맥주 고치 지점의 기적-승리의 법

칙은 현장에서 찾아라!(キリンビール高知支店の奇跡 勝利の法則は現場で拾え!)』를 읽고 나서 받은 감동을 잊을 수 없다. 대략적인 내용은 다음과 같다.

일본 맥주 시장에서 부동의 1위를 차지했던 기린 맥주는 1987년 아사히 맥주가 선보인 '슈퍼 드라이'가 대성공을 거두어 점유율을 내주면서 실적 부진에 빠졌다. 당시 45세였던 다무라 준은 기린 맥주의 전국 지점 중 영업 실적이 최하위인 고치 지점의 지점장으로 발령이 났다. 그때까지 도쿄 본사에서 부장 대리직을 맡았던 사람 입장에서는 명백한 좌천이었다. 윗사람의 방침에 이의를 제기한 것이 원인이었다. 하지만 만년 꼴찌 신세였던 고치 지점은 의식 개혁에 돌입했고 조금씩 성과를 내기 시작해 불과 2년 반 만에 실적을 회복했다. 다무라는 어떻게 고치 지점의 의식 개혁에 성공한 것일까?

"경영 목표를 단기 지향적으로 잡으면 대의나 이념이 유명무실해져 현장 결집력이 낮아진다. 눈앞의 이익을 좇는 조직에서 이념을 실현하는 조직으로 바꾸어야 한다. 단순한 돈벌이가 아니라 이익보다 사회를 이롭게 하고 사람을 위

해 공헌하겠다는 대의가 필요하다. 왜 일을 하는지, 누구를 위해 상품이 존재하는지 등 스스로 답을 찾아내는 자세가 중요하다."

—다무라 준

결국 '성'과 '반성'이 중요하다는 말이다. 이 두 가지만 잘 실천해도 성공한다.

"일을 하는 의미가 바뀐다. 이로써 일하는 사원의 자세가 완전히 달라진다. 처음에는 누군가 시켜서 하는 일이었더라도 나중에는 주체성을 갖고 스스로 생각해서 행동하게 된다."

—다무라 준

이런 팀을 만들 수 있다면 그야말로 최고일 것이다. 이후 다무라는 본사로 복귀했고 영업본부장이 되어 기린 맥주 전체 매출의 V자 회복[3]과 1위 탈환에 성공하며 부사장

---

[3] 한번에 혁신을 이루어 기업을 살리는 것을 의미.

자리까지 올라갔다.

이 이야기는 '대의라는 '성'을 지닌 동지와 한마음이 되어 일에 임하면 고난을 극복하고 성장할 수 있으며, 마침내 대업을 달성하게 된다'라는 『주역』의 교훈을 그대로 보여준 귀중한 예다.

운명을 뒤바꿀 질문 13

동료와 마음을 터놓고 대화해본 적이 있는가?

3부

능력을 기르면
권력은 저절로 찾아온다

성공

14

풍산점
風山漸

순서를 올바르게 지키며 나아가는 시기.
기초부터 착실히 쌓아가면
유종의 미를 거두게 된다는 의미.

착실한 준비와 느긋한 진행이
우수한 성과를 만든다

멀리 도달하려면 차분하게 나아가야 빨리 닿는다

 '천 리 길도 한 걸음부터'와 '대기만성(大器晚成)'을 합쳐 놓은 듯한 괘로 '점진', 즉 조급해하지 말고 한 걸음씩 착실하게 나아가는 것이 가장 효과적이라고 설명한다.

 장거리는 달리기보다 걷기가 더 효율적이다. 높이 쌓기 위해서는 토대부터 차근차근 쌓아 올려야 한다. 이렇게 당연한 사실을 우리 내면의 '소인'은 무심코 잊고 만다. 눈앞의 손익을 따지다 장기 목표를 쉽게 잊어버리는 것이다. 『주역』에는 다음과 같은 이야기가 등장한다.

 이제 막 태어난 물새가 물가까지 나왔다. 물가는 다른 동물의 표적이 되기 쉬운 위험한 곳이다. 하지만 조심만 하면 큰 문제는 없다.
 물새가 강가의 반석에 올랐다. 물을 마시고 물고기도 잡으며 기뻐한다.
 이윽고 물새가 육지까지 올라왔다. 외부의 적과 수많은 위험에 노출된 만큼 몸을 보호해야 한다.
 물새가 자리 잡을 만한 나무를 얻었다. 여러 위험에서 벗어날 수 있다.

물새가 더 높은 언덕까지 나아갔다. 방해하려 한 자도 마침내 승산이 없음을 깨닫고 물러갔다.

물새가 하늘 높이 날았다. 질서 정연하게 날아가는 아름다운 모습은 모두가 우러러보는 동경의 대상이 됐다.

순서와 질서를 지킨다면 타인의 모범이 될 만한 유종의 미를 거둘 수 있다.

리더도 성공하면 주목받고 권력을 손에 넣으면 따르는 사람이 늘어나지만, 그들이 단순한 오합지졸에 불과하다면 위태롭기 그지없다. 소인은 이해타산을 기반으로 모이는 만큼 리더가 약점을 드러내거나 실패하면 뒤도 돌아보지 않고 떠나간다.

차라리 그 정도로 끝나면 다행이지만, 소인은 모처럼 건 기대가 어긋나면 손해를 봤다는 생각에 원망하는 마음이 분노로 번질 위험이 있어 매우 위험하다. 세계적으로도 우리에게 뜻깊은 교훈을 남기는 '독재자의 말로'를 찾아볼 수 있다.

파시즘을 창시한 이탈리아의 베니토 무솔리니(Benito Mussolini)부터 현대에 들어서는 리비아의 무아마르 카다

피(Muammar Gaddafi)까지, 이들은 한때 독재자로 군림했으나 하나같이 비참한 말로를 맞이한 자들이다. 재판에 회부되지도 못한 채 자국민에게 총살당해 최후를 맞이했다.

'일류 리더는 수라장을 경험할 필요가 있다'라는 말처럼 타인에게 들려줄 만한 실패나 고난을 겪고 배운 점이 있어야 굳건한 자신감과 인내력이 생겨나며, 냉철한 판단력과 설득력 있는 언행을 갖추게 된다. 나아가 급작스러운 출세나 요행처럼 어설픈 기대도 하지 않게 되며 공포심으로 사람을 지배하는 가벼운 리더십에 기댈 필요도 없어진다.

올바르게 쌓아 올린 것은 굳건하고 아름답다

이와 관련해 기업의 인재 개발 담당자들 사이에서 자주 언급되는 이론과 우화를 소개하고자 한다.

그림 6은 미국 심리학자 에이브러햄 매슬로(Abraham Maslow)가 주장한 '욕구 5단계설'을 표현한 것이다. 인간의 행동을 유발하는 원인(동기)을 연구한 결과 다음과 같은 순서대로 나타났다는 이론이다.

우선 의식주나 안전 같은 물질적 욕구가 충족되지 않으

그림 6 **매슬로의 욕구 5단계설**

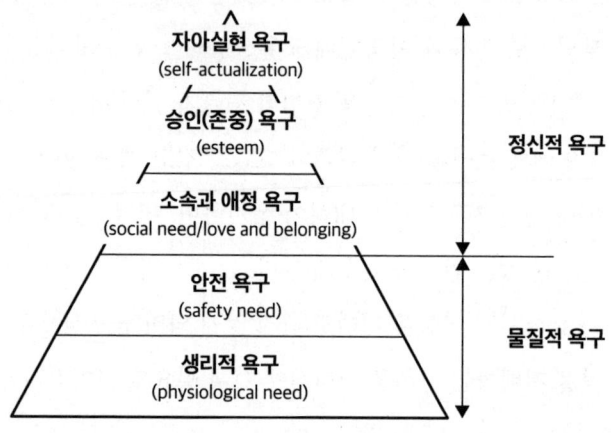

면 정신적 만족까지 도달하지 못한다. 이 과정에는 순서가 있으며 아래서부터 확실하게 쌓아 올라가야 한다. 한편 오른쪽 화살표로 나누어 살펴보면 하층의 물질적 욕구가 충족되어 상층의 정신적 욕구까지 도달한 사람들은 하층 욕구가 아무리 충족되더라도 별다른 효과를 볼 수 없다. 사람은 저마다 상황에 맞는 욕구가 있는 법이다. 이를 통해 기업 현장에서는 다음과 같은 딜레마가 존재한다는 사실을 짐작할 수 있다.

- 기업에서 충분한 급여를 받는 관리 직급에 새삼 '실력주의 보수 제도' 도입을 통한 급여 인상을 내건다 해도 반응은 시큰둥할 것이다.
- 넉넉하게 생활하는 사람이 빈곤과 전쟁으로 고통받는 사람에게 도덕을 설파한다 해도 크게 와닿지 않을 것이다.

사람은 소인이나 대인의 면모 중 어느 하나만 지닌 존재가 아니기 때문에 각각의 상황을 제대로 이해하고 설득하지 않으면 움직이지 않는다. '제대로'라는 말은 '상대방 입장이 되어 생각해보는 성의'와 '기초부터 차근차근 쌓아올리는 준비'를 충족했다는 의미다.

사람의 동기와 관련해 '벽돌 쌓는 세 남자'라는 유명한 우화도 있다.

나그네가 벽돌을 쌓고 있는 세 사람에게 물었다.
"여러분은 왜 벽돌을 쌓고 있습니까?"
한 사람이 대답했다.

"하라니까 하는 거죠."
다음 사람이 대답했다.
"벽돌을 쌓은 만큼 돈을 받으니까요."
마지막 사람이 말했다.
"사람들의 안식처가 될 위대한 대성전을 짓고 있습니다."

본 괘에서 말하는 '순서를 지키며 착실하고 성실하게'라는 방식은 남이 시켜서 억지로 하거나 개인적 욕심 때문에 '마지못해서 하는 일'이 아니다. 이와 달리 큰 꿈을 안고 스스로 뜻을 세워 벽돌을 쌓던 세 번째 노동자는 설레는 마음으로 일의 의의를 찾고 고된 노동도 행복이라 여기는 마음가짐 덕분에 결국 성공하게 될 것이다.

운명을 뒤바꿀 질문 14

당신은 왜 일하는가?

15

지화명이
地火明夷

**현명한 사람이 상처 입고 무너져
빛을 보지 못하는 시기.
고난을 견디며 바른 마음을 지키는 것이
바람직하다는 의미.**

잘 풀리지 않을 때는
경거망동하지 말고 때를 기다려라

능력 있는 매는 발톱을 감춘다

누구에게나 무슨 일을 하든 잘 풀리지 않는 시기가 찾아온다. 자신보다 덜 노력한 사람에게 기회를 빼앗기면 좌절하고, 음흉한 속셈이 있는 사람이 승승장구하는 모습을 보면 원망하는 마음이 절로 든다. 본 괘에서는 이러한 때일수록 하늘에 운을 맡기고 묵묵히 견디라고 말한다.

'거만한 자 오래가지 못한다'라는 말이 있듯 잘못된 인사 발탁이라면 얼마 지나지 않아 자연히 자리에서 내려오게 된다. 그러니 절대 경거망동하거나 어설픈 잔재주를 부려서는 안 된다. '책사가 제 꾀에 넘어간다'라는 말처럼 정도를 벗어난 행동은 대부분 끝이 안 좋기 마련이다.

'능력 있는 매는 발톱을 감춘다'라는 일본 속담은 보통 겸손한 자세를 강조할 때 또는 필살기는 평소에 감추어두되 필요한 순간에 효과적으로 사용하라는 식의 이해타산적 상황에서 사용하는 경우가 많다. 그렇지만 본래 이 말은 곤경에 처했을 때는 자신감을 가지고 '때를 기다려라'라는 의미를 담고 있다.

이 속담과 관련된 이야기로는 중국의 폭군으로 자주 언급되는 은나라 주왕 시대(기원전 1100년경)에 기자(箕子)라는 어진 신하가 미친 척해 위기를 벗어났다는 일화가 대표적이다.

일본에서는 「주신구라(忠臣蔵)[1]」에서 주군의 원수를 갚고자 복수심을 감추고 망나니 행세를 했던 오이시 구라노스케(大石内蔵助)를 예로 들 수 있다.

새벽이 오지 않는 밤은 없다. 반드시 날은 밝아온다. 자신이 정직하고 강한 마음을 지니기만 한다면 말이다. 고난을 겪더라도, 아니 고난을 겪을 때야말로 '재능을 과시하지 않고 올바르고 겸손한 태도를 관철'하는 것이 대인이라는 증거이자 성공을 이루는 비결이다.

---

[1] 에도 시대에 아코번 충신 47명이 일으킨 사건을 바탕으로 만든 작품의 총칭.

운명을 뒤바꿀 질문 15

**무슨 일을 해도 잘 풀리지 않을 때
어떻게 극복하고자 했는가?**

16

화지진
火地晉

**지평선 위로 해가 떠오르듯 기세 넘치는 시기.
초조해하지 말고 정상을 향해
당당하게 용기를 갖고 나아가라는 의미.**

승부를 낼 때는
초조해하지 말고 당당하게 돌진하라

태양이 되고 싶다면 태양의 기세로 임하라

일본인 이름에 자주 사용되는 한자 '진(晉)'은 '일출'을 의미한다. 그만큼 본 괘는 '일출의 기세'로 일이 척척 풀린다는 긍정적인 의미를 담고 있다. 『주역』에서는 승부를 낼 때 용기를 갖고 돌진하라고 말한다. 승부를 앞두고 주저하는 자는 리더라고 할 수 없으며, 그런 리더라면 아무도 따르지 않을 것이다.

한편 아무리 충분한 힘과 용기를 지녔다고 해도 평소에 올바른 품성을 갖춰두어야 한다. 상사라면 지나치게 엄격한 태도를 보여 부하에게 반감을 사지 않도록 주의해야 한다. 승부를 가릴 때는 상대방이 앙심을 품을 정도로 지나치게 압박해서는 안 된다. 상대적 우위에 있을 때일수록 마음을 넓게 쓰고 냉정하게 대처하는 태도가 중요하다.

'건곤일척(乾坤一擲)'의 마음가짐을 배울 수 있는 전투가 있다. '건·곤'이란 '하늘·땅'을 가리키며 '하늘이냐 땅이냐를 결정지을 만큼 중요한 승부'를 의미한다.

1905년 러일전쟁 중 벌어진 '쓰시마 해전'에서도 건곤일척의 정신이 드러난다. 일본 해군은 당시 세계 최강이라 불리던 러시아의 발트 함대를 궤멸에 가깝게 격파했다. 하지만 그 과정은 결코 수월하지 않았다. 기습 공격을 감행한 기함 미카사(三笠)는 발트 함대의 집중 포격을 받아 형체를 알아보기 어려울 정도로 부서졌다. 설상가상으로 기함에는 도고 헤이하치로(東鄕平八郞) 총사령관과 아키야마 사네유키(秋山眞之) 참모가 모두 타고 있었다. 지도자들이 솔선수범해 모두에게 용기와 각오를 보여준 셈이다.

역사에 대한 해석은 각각 다를 수 있지만, 꾸준히 이어져 온 전설에는 다음 세대에 전하고자 하는 교훈이 담겨 있는 만큼 배울 점이 많다. 『주역』에서는 주로 겸손하고 차분한 모습을 장려하는 경향이 있지만, 승부를 낼 때 주저하지 않고 당당하게 나아가는 용기의 중요성 또한 강조한다.

운명을 뒤바꿀 질문 16

**승부를 내야 할 때 이기기 위한
자신만의 패턴이 있는가?**

17

이위화
離爲火

내리쬐는 태양을 온몸으로 맞는 시기.
자신의 상황을 객관적으로 바라보고
겸손하게 행동하라는 의미.

성과를 내고 싶다면
리더부터 규칙을 지켜라

공포심은 양날의 검이 될 수 있다

'위악인(僞惡人)'이라는 삶의 방식이 있다. '못된 사람처럼 굴면서' 사는 모습이다. 단시간에 타인을 겁주기 쉬운 탓에 상대방이 소심한 성격이라면 위악인의 의도대로 움직일 수 있다.

'사람은 기대하기에 약속을 지키고, 공포를 느끼기에 약속을 지킨다'라는 말도 있듯 사람은 나약하기 때문에 쉽게 약속을 해버리지만, '그 약속을 지키는 일, 특히 지키도록 하는 일'은 유난히 어렵다. 따라서 약속을 지키지 않는 상대방에게는 때때로 공포심을 느끼게 해야 할 때도 있다.

'잇큐 씨'는 위악인을 대표하는 인물이다. 잇큐 씨는 무로마치 시대의 승려 잇큐 소준(一休宗純, 1394~1481년)의 별칭이다. 사실 여부는 분분하나 '잇큐 이야기'는 한 시대를 풍미했다.

정월 축제로 떠들썩한 큰길에서 잇큐 씨가 지팡이에 해골을 얹은 채 "조심 또 조심"이라고 말하며 느릿느릿 걸어 다녔다는 일화가 있다. 연초 꼭두새벽부터 불길한 모습을 본 사람들은 들뜬 기분이 가시며 공포심에 몸을 움츠렸다고 한다. 매우 파격적인 모습이다. 이처럼 '위악'은 상대방이 자기 뜻에 따르도록 만드는 손쉬운 방법이지만, 자칫하면 스스로 만든 불씨가 자신을 멸하게 하는 업화가 될 위험을 안고 있다.

반면 오다 노부나가(織田信長)는 히에이잔(比叡山)에서 무수한 승려를 태워 죽였다. 이 모습을 주변 사람에게 보임으로써 공포심으로 사람을 복종시켰다. 그러나 공포정치에 반발한 부하 아케치 미쓰히데(明智光秀)에게 살해당해 최후를 맞이한다.

어떤 대의에 따라 행동하는지 주변이 지켜본다

많은 사람에게 존경받으며 천수를 누린 잇큐 씨와 부하에게 살해당한 노부나가의 차이점은 무엇일까? 대표적으로 두 가지를 들 수 있다.

첫 번째는 규칙에 따른 행동 여부다. 잇큐 씨는 괴짜 같기는 했지만 정도를 벗어나지는 않았다. 반면 노부나가의 살육은 아무리 혼란스러운 센고쿠 시대라 할지라도 지나치게 비도덕적이었다.

두 번째는 대의에 따른 목적 달성 여부다. 노부나가는

'천하포무(天下布武)[2]'를 내걸고 천하를 통일해 센고쿠 시대를 끝내고자 했다. 하지만 '노부나가에게 거역하면 목숨을 잃는 시대'가 과연 진정한 평화의 시대라고 말할 수 있을까?

한편 잇큐 씨는 언뜻 특이한 사람이지만, 불교의 교리에 따라 겸손하게 행동하고 민중을 올바른 길로 이끌었다. 잇큐 씨의 목적은 '사람은 죽음에서 달아날 수 없는 존재', '먹고 마시는 번뇌에 지나치게 잠식되지 말 것', '죽으면 다 똑같은 해골인데 빈곤에 시달리는 사람을 외면하고 부유한 자만이 풍족하게 생활하는 것은 잘못된 일' 같은 불교 교리를 사람들이 이해하기 쉽게 설파하는 것이었다.

불량해 보였던 위악인 잇큐 씨는 사실 마음속 깊이 불교 교리의 원칙을 겸허히 따르며 이를 제대로 전하고자 했다. 훗날 신분이 높았다는 사실이 알려지며 사람들은 잇큐 씨를 더욱 존경하게 됐다고 한다. 그를 존경하는 마음은 '잇큐 씨 이야기' 등으로 전승되어 지금까지 이어져 내려오고 있다.

---

2 무력으로 천하를 통일한다는 의미.

위악인 리더십이 성공할지 여부는 리더가 올바른 목적에 따라 행동하는지, 어떤 대의에 따라 겸손하게 행동하는지에 달려 있다.

운명을 뒤바꿀 질문 17

**대의에 따라 행동하는가?
그 목적은 무엇인가?**

18

택풍대과
澤風大過

매우 과분한 시기.
자신의 처지를 알고
신중하게 행동하라는 의미.

기대 이상의 결과에 들뜨지 말고
차분히 냉정을 되찾아라

강한 정신력과 의지로 극복하라

'대과(大過)'는 지나침을 경계하는 말이다. 이해를 돕고자 두 가지 이야기를 소개한다. 첫 번째는 위기에 처했을 때 인내심과 불굴의 정신력이 필요하다는 내용이다.

집을 떠받치는 상기둥이 휠 정도로 압력이 가해졌다. 당장이라도 쓰러질 듯하다.
똑바로 지지하라! 일심협력해 지탱하라! 자신의 저력을 시험해볼 때다.

두 번째는 도전 정신과 관련된 내용이다.

커다란 강을 건너려다가 머리끝까지 물에 잠겨버렸다. 큰일이다!
하지만 그 기개만큼은 인정할 만하다.

지나침은 미달성과 마찬가지다

앞에서 언급한 두 가지 이야기는 각각 내용은 다르지

만, 결국 전하고자 하는 주제는 모두 같다. 아무리 극단적인 상황이더라도 '끝까지 지지하려고 노력하는 모습', '일단 꾸준히 도전하는 모습' 등 확고한 의지만 있다면 극복할 수 있다는 점이다. 이러한 과정을 거듭하면 내면이 성숙해지고 자신만의 독자적 방식도 생겨나면서 '자기 고유의' 개성도 발휘하게 된다. 이는 곧 성공으로 이어진다.

『주역』에서는 '지나치게 과분하다고 느낄 때는 겸손하고 신중한 자세로 주변 사람을 배려하고 존경을 표해야 한다. 이러한 마음가짐만 있다면 문제 될 일이 없다. 오히려 그 자세가 자신을 독자적인 성장으로 이끌 것이다'라고 전한다.

운명을 뒤바꿀 질문 18

겸손함을 유지하고자 어떤 노력을 하는가?

19

간위산
艮爲山

산처럼 움직이지 않는 것이 최선인 시기.
무조건 돌진만 하지 말고 멈추는 자세도
배워야 한다는 의미.

멈출 줄 아는 자가
성과를 얻는다

마치 산처럼 미동 없는 모습을 보여야 할 때

본 괘에서는 멈춤의 용기를 강조한다. 적극적으로 나아간 만큼 멈추어야 할 때는 미련 없이 멈출 필요도 있다. 이와 관련된 유명한 말이 무장 다케다 신겐(武田信玄)이 기치로 내건 '풍림화산(風林火山)'이다. 풍림화산은 고대 중국의 병법서 『손자병법(孫子兵法)』에서 인용한 말로 전투 시의 움직임을 묘사하고 있다.

> 나아갈 때는 질풍처럼 날쌔게 움직여라. 지켜볼 때는 숲처럼 고요하게 대기하라.
> 때가 오면 맹렬히 타오르는 불처럼 공격하고 수비할 때는 산처럼 묵직하게 대비하라.

다시 말해 완급을 조절하며 상황에 맞게 적절한 임기응변으로 대응하라는 교훈을 전한다.

위기를 맞았을 때 리더가 안절부절못한다면 어떻게 될까? 부하가 상황을 보고하려 해도 리더가 제 역할을 하지 못하면 팀 전체가 마비되어버린다.

『주역』의 각 괘를 구성하는 여섯 획이 재미있는 이유는

'효(爻)' 하나하나가 종적 사회 속 인간관계를 나타내기 때문이다. 회사로 치면 그림 7과 같이 나타낼 수 있다.

그림 7 괘와 종적 사회

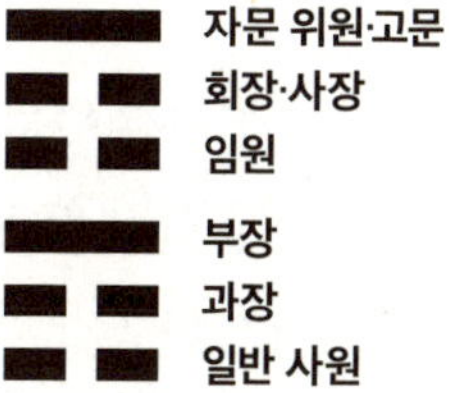

자문 위원·고문
회장·사장
임원
부장
과장
일반 사원

'멈춰야 할 때'와 관련된 이야기에서는 계층별로 경계해야 할 점을 강조한다.

> 일반 사원은 멈춰야 할 때 발을 멈춰라. 섣부른 이직 등 경거망동을 삼가야 한다.
> 과장급은 다리를 멈춰라. 상사와 맞지 않더라도 인내하고 버텨라.
> 부장급은 허리를 멈춰라. 상하 직급 사이에 끼어 고통스럽지만, 유연하지 못하면 부러진다.
> 임원은 자기 자신을 멈춰라. 묵묵히 분수를 지키고 때가 오기를 기다려라.
> 사장은 입을 멈춰라. '침묵은 금', 풍격(風格) 있는 자는 말을 고르고 자중한다.
> 회장은 가장 높은 자리에서 근엄하게 멈춰서 지켜보아라.

그리하면 식견과 재력 모두 정점에 이르게 된다.

단순한 면피가 아닌 장기적 성장을 추구하길 제시하는 글이다. 성공하기 위해서는 우선 스스로 이에 걸맞게 성장할 필요가 있다.

운명을 뒤바꿀 질문 19

어느 순간에 멈춰야 한다고 생각하는가?

20

택수곤
澤水困

사면초가로 곤란한 시기.
포기하지 말고 꾸준히 노력하며
다가올 변화를 기다리라는 의미.
'4대 난괘' 중 하나.

**설득하기 어렵다면 말을 삼가되
변화의 때를 기다려라**

힘겨운 상황이 찾아와도 우선 버텨내라

본 괘는 못(澤, 물이 고이고 풀이 우거진 곳)에서 물이 흘러나와 결국 고갈되기 직전까지 간 매우 난감한 상태를 가리킨다.

19 '간위산'에서는 '묵직하게 멈춰라'라고 했지만, 택수곤은 막아놓은 부분에서 물이 새므로 일단 구멍을 막아야 하는 물리적, 정신적으로 모두 어려운 시기다. 협상하는 상황에 비유하자면 열세에 몰려 무슨 말을 해도 통하지 않을뿐더러 상대방이 늘어놓는 말만 듣고 있어야 하는 상황과도 같다.

하지만 이 이상 나빠질 일은 없다고 마음을 다잡은 후 있는 그대로 받아들이며 묵묵히 할 일을 해야 한다. 들어야 할 말은 듣고 할 말은 하면서 끝까지 버텨내야 한다. 무엇보다 중요한 점은 이때 핑계나 변명은 철저히 삼가야 한다는 것이다.

이러한 상황을 보여주는 일화가 있다.

숲에서 헤매다 지칠 대로 지쳤지만, 엉덩이가 아파 나무 그루터기에 앉지도 못한다. 식량도 바닥나서 난감하다. 계속 나아가지 못하며 나아가서도 안 된다.

상사와 부하 사이에 끼어 고통받고, 믿었던 아내까지 도망가서 더 이상 도와줄 사람도 없다. 이 와중에 담쟁이덩굴까지 엉켜 이리저리 발버둥 친다.

이 상황에서 움직이면 후회만 남는다. 하지만 지금을 반성하는 기회로 삼으면 자기 잘못을 뉘우치고 바로잡을 수 있다. 상황이 호전될 것이라 믿으면서 말이다.

'시간이 약'이라 여기며 변화를 아군으로 삼아라

역(易)의 대원칙은 '막다른 곳에 몰리면 변화가 일어난다. 변화가 일어나면 통한다'다.

'시간이 약'이라는 말도 있다. 고통스러운 상황에서도 의지를 꺾지 않고 끊임없이 노력한다면 언젠가 반드시 '변화'라는 구원의 신이 나타날 것이다. 구원의 신이 자신의 아군이 되어줄 동지로 나타날지, 적진에서 일어난 변화일지, 혹은 자신이 성장하는 일일지 등 어떤 식으로 나타날지는 알 수 없다. 변화가 만들어낸 상황을 자신의 아군으로 삼을지 여부는 지도자나 선도자 같은 리더의 수완에 달려 있다.

『주역』에서는 '꾸준히 도전하면 반드시 아군이 나타난다. 수라장을 극복한 리더야말로 한층 더 성장하고 진정한 성공을 이룰 수 있다'라고 응원한다.

운명을 뒤바꿀 질문 20

**불리한 상황에서 마음을 다잡는 데
효과적인 말은 무엇인가?**

21

지뢰복
地雷復

'일양래복(一陽來復)'의 시기.
초심으로 돌아가 다시 시작하라는 의미.

수라장에도 꿋꿋이 버티며
다가올 봄을 위해 힘을 비축하라

모든 것이 무너져도 봄은 반드시 온다

지금까지는 19 '간위산', 20 '택수곤'처럼 이러지도 저러지도 못해 난감하고 섣불리 움직이지도 못하는 한겨울 같은 상황이었지만, 겨울이 지난 후에는 이윽고 봄이 찾아오기 마련이다. 본 괘의 '복'은 '재시작'을 나타낸다. 어둠으로 뒤덮였던 지상에 해가 떠오르기 시작하는 듯한 길함을 뜻하는 괘로 연하장에는 지뢰복 대신 '일양래복'이라는 문구로 사용되기도 한다. 경사스러움을 강조하기 위해 '복(復)' 자를 '복(福)'으로 바꾼 '일양래복(一陽來福)'이라는 신조어도 있다.

본 괘에서는 재시작이 길하다 해서 권장하는 만큼 포기했던 일에 다시 도전해보는 것도 좋다. 정월을 새로운 전환점으로 삼아 1년 치 계획을 세우거나 묵혀둔 서예 도구를 다시 꺼내 '붓글씨'를 시작하는 등 '○○ 시작'이라는 긍정적인 문구를 붙여 재도전하는 기회로 삼으면 분명 새로운 성공으로 이어질 것이다.

'초심을 잃지 말 것'이라는 제아미(世阿弥)[3]의 말도 같은

---

[3] 무로마치 시대 대표적인 노가쿠(일본 전통 연극) 배우이자 문호.

의미로 사용된다. 이는 가부키 같은 예능에 처음 임할 때 느낀 신선한 감성이나 순수한 마음가짐을 상기시키며 사념과 작위적인 마음을 경계하는 말이다. '적심(赤心)'으로 상징되는 갓난아기 시절의 순수함과 사람이 본래 추구해야 할 정도(正道)를 떠올리라는 의미이기도 하다.

어른이 되어서도 남아 있는 나쁜 버릇이나 잘못된 관계, 엇나간 친구와는 과감하게 이별하고 본래 추구하고자 했던 뜻으로 돌아가야 한다.

고난은 한계를 뛰어넘게 만든다

수라장을 경험하면 크게 성장하고 훌륭한 리더로 거듭나는 이유는 무엇일까? 물론 '부담이 가해진 부분이 강해지는' 훈련 원칙처럼 새끼 애벌레가 몸집 큰 애벌레가 되는 단순한 성장도 있다. 이를 넘어 수라장 경험을 통한 성장은 애벌레가 번데기가 되고 변태해 나비가 되는 것처럼 환골탈태하는 질적 변화도 동반된다.

자기 능력을 넘어서는 난문에 맞닥뜨리면 비로소 나약함을 비롯한 자신의 진정한 모습이 드러난다. 인간은 스스로 자신의 모습을 보지 못하는 숙명을 지니고 있다. 그렇기에 사람을 이끄는 리더라면 자신을 알고자 하는 노력을 남들보다 몇 배 더 기울여야 한다.

왜 수라장 경험이 리더를 키워낼까? 자신의 한계에 직면해 이를 객관적으로 바라볼 수밖에 없는 경험을 하고 그 결과 기존 상식 등을 의심하게 되면서 스스로 변하고자 하는 힘을 얻기 때문일 것이다.

운명을 뒤바꿀 질문 21

당신은 어떤 수라장을 겪었는가?

22

택천쾌
澤天夬

**제방이 무너져 내릴 듯한 시기.
결단을 내릴 때는 단호하게 내리라는 의미.**

결단은 리더의 임무,
자기 책임하에 과감하고 신중하라

결단 곁을 감도는 불길함

결단의 시기가 다가왔음을 알리는 괘다. 전장의 경사스러운 21 '지뢰복' 괘(䷗)를 거꾸로 뒤집어 정반대로 배치한 듯한 형태(䷪)로 불길함이 맴돈다. 실제로 막부 말기의 정치가이자 학자로 박학다식해서 많은 제자를 길러낸 사쿠마 쇼잔(佐久間象山)이 스스로 역점을 쳐서 본 괘가 나오자 자신이 암살당할 것을 예언했다는 전설도 있다.

택천쾌에 등장하는 일화도 세력이 약한 지도자가 힘을 키운 하층민들에게 쫓겨나는 내용이다. 하층민 입장에서는 윗사람을 몰아내는 결단을 내린 것이고, 지도자 입장에서는 물러나야 하는 결단을 내린 모양새가 된다.

현대사회에서도 '일하지 않는 아저씨'라는 말처럼 윗세대를 배제하려는 움직임이 있으나 애초에 세대 갈등을 논하는 일은 성과 없는 논쟁과도 같다. 잇큐 씨도 이에 대해 충고한다.

> "아이를 나무라지 마라. 자신도 걸어온 길이 아니더냐.
> 연장자를 미워하지 마라. 앞으로 네가 걸어갈 길이니."
> ─잇큐 소준

"나이 든 사람은 차라리 없었으면 좋겠어" 같은 말을 함부로 한다면 자신도 '방해되는 윗세대'라는 사실을 후배에게 알려주는 셈이다.

가장 허탈한 결말은 윗사람을 몰아냈으나 결국 윗사람과 같은 편이었던 후배에게 그 자리를 빼앗기는 것이다. 주군인 오다 노부나가를 공격한 아케치 미쓰히데가 노부나가의 사람인 부하 도요토미 히데요시(豊臣秀吉)에게 순식간에 역공당한 일화에서도 이를 배울 수 있다. 즉 그저 결단만 내리면 된다는 식의 단순한 논리가 아니다.

군자는 과감하고 단호하게 결단 내린다

결론적으로 결단을 내리라는 것인지 말라는 것인지 혼란스럽다면 다음 말을 참고하면 된다.

"군자는 점을 치지 않는다."
— 맹자(孟子)

리더라면 중요한 결단을 내릴 때 점을 치는 일 등에 기대서는 안 된다는 말로 타인을 의지하지 말라는 의미다. 리더가 내리는 결단은 모두의 기대를 등에 업고 지도자로서 행하는 일이기 때문이다.

그렇다면 역점은 왜 탄생했을까? 타인에게 기대지 않고는 살아가기 어려운 약자에 대한 배려가 아니었을까 추측된다.

> "우리는 스스로 결정할 힘을 지니고 있다.
> 그렇기에 잘못을 저지르는 일도 있다.
> 그럼에도 우리는 스스로 결정할 힘을 지니고 있다.
> 따라서 실수를 딛고 일어날 수도 있다."
> ─요한 볼프강 폰 괴테

미래를 완벽하게 예측할 수는 없다. 설령 잘못된 판단이라도 스스로 '옳다'고 생각한 길을 직시하고 자신답게 결단을 내려야 한다. 스스로 생각하고 자문자답해 그 상황에서 내놓을 수 있는 최선의 답변을 도출해야 한다. 이러한 과정이 반복되면 자신뿐 아니라 자신을 신뢰하는 주변 사람에게도 긍정적 영향을 미쳐 결국 성공하게 될 것이다.

리더로서, 부모로서, 교육자로서 강해져야 한다. 지금이야말로 타인에게 기대지 말고 마음을 다잡아야 한다. 그리고 결단을 내린 후 결과를 깔끔하게 받아들여야 한다.

운명을 뒤바꿀 질문 22

**리더로서 결단을 내려야 할 때
무엇에 의지해야 하는가?**

23

풍택중부
風澤中孚

진심이 사람을 움직이는 시기.
성의 있는 마음을 소중히 여기라는 의미.

성의와 진심이 동료를 만들고
과업을 성과로 바꾼다

신뢰 없는 조직은 흩어지기 마련이다

'부(孚)'는 '성(誠)'의 어원이다. '어미 새의 발톱이 소중한 알을 깨뜨리지 않도록 살포시 감싼 모습'을 나타낸 상형문자로 선종(禪宗)의 가르침을 담은 서책 『벽암록(碧巖錄)』의 '줄탁동기(啐啄同機)'를 연상시킨다. 줄탁동기는 알에서 병아리가 부화하는 순간에 빗대어 스승과 제자의 신뢰 관계 및 의사소통의 중요성을 강조하는 말이다.

줄탁이란 병아리는 알 안에서, 어미 닭은 알 밖에서 서로 동시에 쪼아야 한다는 의미로 그 속도가 너무 빨라서도 느려서도 안 된다. 병아리와 어미 닭의 호흡이 완벽하게 맞아떨어져야 병아리가 알을 깨고 밖으로 나올 수 있다.

성은 신센구미(新撰組)가 내건 기치로도 유명하다. 젊은 이들을 모집해 효과적으로 단결시키고 철통같은 결속력을 다진 바탕에는 성이라는 기치가 있었다. 신센구미는 막판에 200명이 넘는 규모로 불어나 치안이 악화된 교토의 경찰 조직으로 크게 활약했다.

본 괘에서 전하는 교훈 역시 아무리 상황이 어렵더라도 흔들림 없이 서로를 믿고 아끼는 끈끈한 유대감이다.

회사로 치면 경영자와 직원이 경영 이념이라는 같은 목

적 아래 한마음으로 회사를 발전시켜나가는 퍼포스 경영(31 '뇌풍항' 참조)과 비슷하다.

진정한 '성'이란 정직을 동반한 행위다

한편 『주역』에서는 일치단결해 거사를 감행했더라도 이에 걸맞은 정직이 동반되지 않았다면 결국 실패하게 된다고 충고한다.

> 닭이 하늘을 날고자 해도 금세 떨어진다. 제대로 날 만한 힘이 없기 때문이다. 불가능한 일을 꿈꾼다면 결코 오래가지 못한다. 자신의 분수를 깨달아라.

마치 신센구미의 훗날을 예언한 듯한 말이다. 신센구미는 존왕양이(尊王攘夷)파 지사를 독단으로 처형해 삿초(薩長)[4] 측의 원한을 샀고 보신전쟁(戊辰戰爭)[5]으로 교토부터

---

4 에도 후기에 막부를 타도하기 위해 사쓰마번과 조슈번이 맺은 동맹 연합.
5 1868~1869년 막부와 교토 어소, 즉 일왕에게 정치권력 반환을 요구하는 세력 간에 일어난 내전.

고슈가도(甲州街道)[6]를 거쳐 도호쿠, 홋카이도까지 패전을 거듭한 끝에 뿔뿔이 흩어지고 말았다. 그리고 대부분 소식이 끊겨버렸다.

과연 신센구미의 목적과 행위에 진정한 성이 있었을까? 성공과는 동떨어진 그들의 말로가 침묵으로 답한다.

『주역』에는 '맡은 바를 완수하기 위해서는 올바르고 성의 있는 자세가 필요하다'라는 '수사(修辭)'의 어원이 나온다. 수사란 간결하고도 강력한 말로 성을 전하기 위해서는 이에 걸맞은 올바른 태도를 지니는 것이 중요하다는 의미다.

---

[6] 에도 시대의 5가도 중 하나로 오늘날의 도쿄와 야마나시현을 연결했음.

운명을 뒤바꿀 질문 23

진심을 전하기 위해서는 어떻게 행동해야 하는가?

4부

좋은 리더는
모든 일에서 배운다

역할

24

감위수
坎爲水

산 넘어 산인 시기.
밀바닥까지 떨어졌을 때일수록
성의 있는 태도를 관철하라는 의미.
'4대 난괘' 중 하나.

리더와 팀 모두
수라장을 겪음으로써 성장한다

강한 팀은 충돌을 두려워하지 않는다

엄청난 고난과 이를 통한 성장을 상징하는 '4대 난괘'는 모두 물의 속성을 지녔다. 그중에서도 감위수는 물이 2개나 있다. 고난을 꺼린다면 흉, 성장을 원한다면 길로 풀이된다.

앞서 말했듯 좋은 리더가 되려면 수라장 경험이 필요하며, 정도가 심하면 심할수록 극복한 후 크게 성장한다. 리더뿐만 아니라 팀도 마찬가지다.

그림 8의 '터크먼 모델'은 심리학자 브루스 웨인 터크먼(Bruce Wayne Tuckman, 1938~2016년)이 주장한 팀 발달

그림 8 터크먼 모델(초기 4단계 한정)

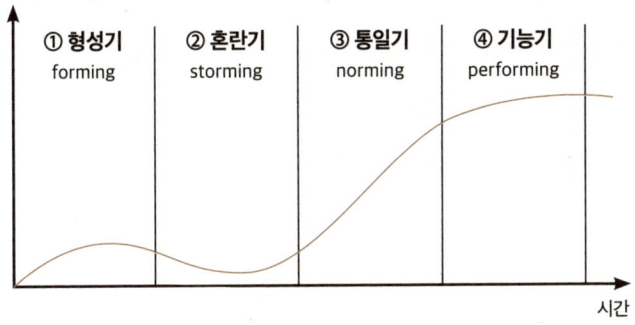

모델 내용의 초기 4단계에 해당한다.

최초의 ① 형성기와 ③ 통일기 사이에 '폭풍(storming)'이라고 칭한 ② 혼란기가 있다는 사실이 흥미롭다. 실제 현장과도 매우 닮았다.

과업을 달성하는 팀은 결코 순조롭게 조직되지 않는다. 사람뿐 아니라 일류 팀으로 거듭나기 위해서는 수라장 경험이 필요하다. 심리적 안정감 면에서도 강한 팀이 되려면 신랄한 발언이나 논의에 익숙해져야 한다.

하지만 이러한 발언이나 논의가 서로 받아들일 수 있는 범위 내에서 이루어진다면 별문제 없으나 팀에 약점이 있거나 상대적으로 입지가 좁은 직원이 납득하지 못하는 상황이라면 충돌이 일어나고 만다. 여기에 가세하는 사람까지 있다면 상황은 더욱 심각해진다. 격하게 부딪치면 팀은 무너진다. 강한 팀으로 성장할지 여부는 충돌이 발생했을 때 이를 극복할 수 있느냐에 달렸다.

강한 팀이 되고 싶다면 오히려 이러한 충돌이 일어나는 편이 좋다. 반드시 치열하게 논쟁한 끝에 답을 내리도록 하자. 『주역』에는 이러한 용기를 응원하는 명언이 나온다.

역은 변화의 법칙이다.

비록 매사가 힘겹더라도 갈 데까지 가보면 반드시 변화가 생긴다. 변화를 일으킬 수 있다면 이는 장애물을 극복하고 성과를 내는 원동력이 될 것이다. 그렇게 이루어낸 성과는 반드시 오래갈 것이다.

고난은 성장을 위한 발판이다

실패는 성공을 불러온다. 고난은 기쁨을 가져온다. 그렇게 믿고 성심을 다한다면 팀은 한층 굳건해지고 과업을 달성해 다 같이 웃는 날을 맞이할 것이다.

그렇게 해서 리더와 팀 모두 성장하게 된다.

지독한 고난 속에서도 성심을 다한다면 통하게 되어 있다.
꾸준히 지속한다면 존경받는다.

물러날 곳이 없을 정도로 막다른 곳에 몰렸을 때야말로 팀과 리더 모두 진가를 발휘하게 된다. 마음을 굳게 다잡고 하루하루 맡은 일을 참을성 있게 처리해나가야 한다.

이러한 때일수록 덕을 쌓고 배움에 힘씀으로써 내면을 다지고 뜻을 굽히지 않으며 미래에 대비해야 한다. 마치 물에서 덕을 배우듯이 말이다.

프로야구 선수이자 감독으로도 위대한 업적을 남긴 노무라 가쓰야(野村克也)는 팬이 건넨 종이에 다음과 같이 적었다고 한다.

물은 그릇 모양에 따라 형태를 달리한다.
―중국 속담

물은 어떤 용기에 담기든 유연하게 형태를 바꾼다. 네모난 그릇에 담기면 네모나게, 둥근 그릇에 담기면 둥글게 변한다. 다시 말해 어떤 상황에 놓이든 각각의 상황에 맞게 대응할 수 있다는 뜻이다.

하늘의 사랑을 받는 사람에게는 시련이 찾아온다. '4대 난괘' 또한 하늘이 사랑하는 사람에게 찾아온다. 쓸모없는 경험이란 없다. 힘든 경험은 사람을 강하게 만들기도 하고, 부드럽게 만들기도 한다. 힘든 일을 겪은 사람이 타인에게 너그러워질 수도 있는 것이다.

아무리 나이가 들어도, 다양한 지식을 쌓아도 끊임없이 배우고자 하는 의욕은 사람에게 생기를 불어넣어 마치 흐르는 물처럼 마음을 촉촉하게 적셔준다.

운명을 뒤바꿀 질문 24

**힘들었지만 훗날을 생각하며
견뎌낸 적이 있는가?**

25

화천대유
火天大有

만인에게 추대받는 시기.
대인답게 모범을 보이라는 의미.

다양한 의견을 수용하는 빈 그릇이 되어라

절대 자만하지 마라

만약 만인에게 존경받는 태양 같은 리더가 있다고 생각해보자. 부하나 후배부터 동생, 아이까지 모두 리더에게 의지하고 가르침을 얻고자 한다. 이럴 때 리더는 어떻게 행동해야 할까?

반드시 기억할 점은 '현재 누리는 자리가 다른 사람이 보았을 때 너무나도 부러운 위치'라는 사실이다. 리더가 없어지면 그 자리에 앉고자 하는 사람이 셀 수 없이 많다. 따라서 리더가 빈틈을 보이고 부주의하게 대응한다면 금세 비판이 쏟아질 것이다. 불만을 토로하는 대상이 되기도 한다. 리더를 끌어내리고 그 자리에 앉고자 하는 사람들이 뒤에서 중상모략을 일삼을지도 모른다. 현재 누리는 복은 리더의 실력만으로 얻은 것이 아니라 하늘이 도운 덕분이기도 하다. 그러니 자만은 금물이다. 언제나 겸손한 마음을 간직해야 지금의 지위를 오랫동안 유지할 수 있다.

본 괘에서는 지도자의 위치에 해당하는 오효(五爻, 19 '간위산'의 그림 7 참조)가 음으로 나타난다. 다른 효는 모두 양이나 이 부분만 음이다. 이는 '지도자로서 음, 즉 음덕(陰德)을 발휘할 존재가 되는 것이 바람직하다'라는 의미다.

진정한 대인은 자신을 드러내지 않는다

'그릇은 비움으로써 제 역할을 한다'라는 말이 있다. 그릇이란 안이 비어 있어야 도움이 된다는 의미다. 음의 힘은 '음덕', '그릇 크기', '도량' 등으로 표현되며 상대방의 의견이나 기분을 수용하는 경청과 같은 포용력을 가리킨다.

지론을 늘어놓으며 자기 자랑만 하는 상사나 선배, 부모에게 무언가를 제안하고 싶을까? 애초에 남의 말을 들을 생각이 없으니 무슨 말을 해도 소용없다고 생각한다.

'음덕', '음행(陰行)'처럼 겉으로 드러나지 않더라도 보이지 않는 곳에서 말없이 선행을 베푸는 사람이 있다. 조직이나 가족 중 이러한 사람이 있으면 행복하다. 무의식중에 모두가 올바른 방향으로 가고 있는 덕분에 다들 행복해지기 때문이다. 경청도 그렇다. 아무것도 하지 않는 듯 보여도 묵묵히 이야기를 들어주면 누구나 감사하게 생각한다.

『주역』에는 '적선지가 필유여경(積善之家 必有餘慶)'이라는 명언이 나온다. 선행을 베푼 집에는 반드시 복이 찾아온다는 의미다. '음덕을 행하는 사람'은 언뜻 손해를 보는 듯한 느낌이 들 수 있지만, 넓고 길게 보았을 때 이러한 덕행이 쌓이면 본인뿐 아니라 대대손손 복을 누리게 된다는 사실을 깨닫는다.

선행을 베푼 사람이 살아 있는 동안 그 행복을 누리지 못할 수도 있겠지만, 그렇다 하더라도 자손에게는 언젠가 반드시 복이 찾아온다. 복을 누리는 자손은 생전에 덕을 쌓은 선조에게 존경심을 가질 것이다. 반대로 살아서 악행을 저질렀다면 어떤 일이 벌어질까?

대인은 설령 아무런 업적을 남기지 못하더라도 도량을 갖췄다면 충분히 의의가 있다. 나아가 음덕을 쌓는다면 훗날 분명 좋은 일이 생길 것이다. 리더뿐 아니라 리더를 의지하는 사람들에게도 말이다. 바로 이때 리더는 존경받는 대상이 된다.

운명을 뒤바꿀 질문 25

당신만이 남몰래 할 수 있는 일은 무엇인가?

26 풍지관
風地觀

인생을 깊이 통찰하는 시기.
보이지 않는 중요한 부분까지
면밀히 관찰하라는 의미.

대화할 때는
보이지 않는 것을 가시화하라

정말 모든 것을 보고 있는가

'견(見)'과 '관(觀)'은 모두 본다는 의미를 지니고 있지만 각자의 쓰임이 다르다. '견'은 눈에 보이는 것을 바라보는 일, '관'은 눈에 보이지 않는 것을 관찰하는 행위다. 풍지관에서는 '관'이라는 한자를 사용하고 있으므로 후자에 해당한다.

'관광'은 '관국지광(觀國之光)[1]'에서 온 말로 방문한 국가의 지형이나 건축물 같은 외관은 물론 분위기나 풍토, 문화 등 눈에 보이지 않는 부분까지 관찰한다는 뜻이다. 하지만 '관찰력'에는 사람마다 능력 차가 있다. 본 괘에서는 다음과 같은 이야기가 나온다.

> 아직 어린아이 수준의 '관점'이다. 눈앞의 사실에만 집중해서는 본질까지 파악하기 어렵다. 소인이라면 상관없으나 대인이라면 이를 부끄러이 여겨야 한다.
> 이번에는 어깨너머 슬쩍 본 듯하다. 하지만 그것만으로는 시야가 좁다. 사소한 일이라면 그럭저럭 넘어간다 해도 중

---

[1] 나라의 빛을 관찰한다는 의미.

요한 일을 행하기엔 무리다.

다음으로는 자신이 삶을 살아가는 방식을 관찰하라. 늘 자신을 뒤돌아보고 분수에 맞게 노력하며 한 발 한 발 착실히 나아가라.

나아가 국가와 사회의 움직임을 관찰하라. 넓은 시야와 깊은 식견을 지녔다면 중요한 자리에 발탁될 기회도 얻을 수 있다.

마지막으로 자신의 삶의 방식을 다시금 되돌아보아라. 초연한 자세로 사소한 일에는 관여하지 마라. 대인이 관찰력을 키우고자 꾸준히 노력하면 분명 큰 문제 없을 것이다.

소중한 것은 눈에 보이지 않는다

생텍쥐페리(Antoine Marie-Roger de Saint-Exupéry)의 『어린 왕자』에 나온 '소중한 것은 눈에 보이지 않는다'라는 유명한 말은 살면서 마주하는 다양한 상황에 적용할 수 있다.

예를 들어 회의 진행자로서 퍼실리테이션을 진행할 때도 보이지 않는 부분을 중요하게 생각해야 한다. 회의장

그림 9 빙산 모델

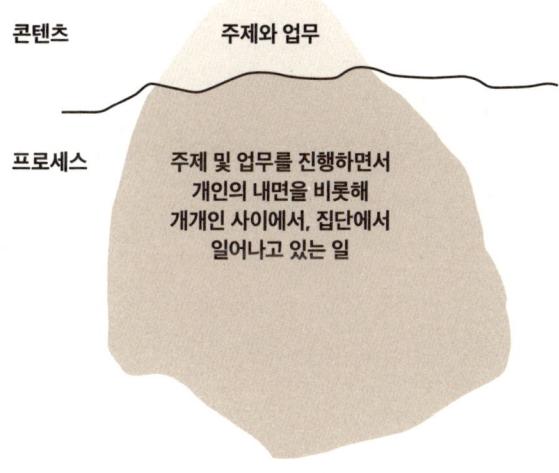

출처: 쓰무라 도시미쓰(津村俊充)

분위기, 참석자의 감정, 깔끔한 결론이 났는지 아직 불만이 남았는지 등 폭넓게 파악해야 한다.

그림 9 '빙산 모델'처럼 수면 밑 보이지 않는 부분을 얼마나 확실하게 포착하는지에 따라 논의 결과의 도출 여부가 달라진다.

"발견하는 여행이란 새로운 풍경을 찾는 것이 아니라 새로운 눈으로 관찰하는 것이다."

―마르셀 프루스트(Marcel Proust)

마르셀 프루스트의 말처럼 리더에게는 보이지 않는 부분을 관찰하는 힘이 매우 중요하다.

운명을 뒤바꿀 질문 26

눈에는 보이지 않지만 소중한 것은 무엇인가?

27

산풍고
山風蠱

하늘이 막히고 만물이 부패한 시기.
부패가 명백하다면 주저하지 말고
변혁을 완수하라는 의미.

부패를 바로잡을 때는
과감하고 단호하게 철저히 행하라

영광이 퇴색되기 전, 박수 칠 때 떠나라

22 '택천쾌'에서 윗세대를 몰아내고자 하는 세대 간의 투쟁은 성과 없는 논쟁이라고 했으나 이때는 '윗사람이 올바르게 행동하고 있다'라는 대전제가 있었다. 만약 권력자가 부패했다면 망설일 필요 없이 확실하게 자리에서 물러나도록 해야 한다.

단, 권력자에게 힘이 있다면 위험도 따른다. 반드시 실패하지 않도록 주도면밀하게 준비해야 한다. 무엇보다 성심을 다해 과감하고 단호하게 마지막까지 방심하지 않겠다는 굳은 각오로 변혁을 완수해야 한다.

그렇다면 '부패 정도'는 어떻게 판단해야 할까? 부패 여부를 가늠할 줄 아는 자라면 진정성을 인정받아 존경받으며 많은 사람이 같은 편에 설 것이다. 하지만 어설픈 판단력을 지녔다면 흔한 반란자로 낙인찍혀 오히려 적을 늘리는 꼴이 되어 쫓겨나고 말 것이다.

『주역』에는 이처럼 중요한 판단에 관련된 일화가 등장한다.

멀리서는 깨끗해 보이던 접시 위 음식이 자세히 살펴보니 썩어서 구더기가 들끓고 있다. 심지어 구더기끼리 서로를 잡아먹고 있는 추악한 꼴이다.

이렇게까지 부패하기 전에 미리 손을 써두었으면 좋았을 것을 그저 방치한 것인가? 부패한 부분을 빨리 도려내지 않으면 전부 망치게 된다.

우선 부패의 근원을 없애기 위해 원인인 아버지가 저지른 실패를 수습하라. 아들 된 자가 이를 구원해야 한다. 다음으로 어머니가 저지른 실패를 수습하라. 아직은 극단의 조치 없이도 해결할 수 있다.

아버지의 실패를 처리할 때 설령 억울함을 느끼더라도 꿋꿋하게 해내라. 우유부단하고 미온적인 태도는 실패를 더 키우고 만다. 그래서는 또다시 수치를 당할 뿐이다. 일단 반성하고 근본부터 바로잡아라.

마침내 부모의 잘못을 전부 수습하는 일에 성공했다. 칭찬받으며 즐겁게 새로 출발할 수 있다. 당신은 변혁에 성공한 자다. 후계자도 양성해 당신이 없어도 모두가 움직인다.

이제 자리에서 물러나기에 적절한 시기가 됐다. 당신의 고결함을 지키기 위해 깔끔하게 후임에게 길을 물려주어라.

상당히 이해하기 쉬운 일화다. 일화에 제시된 순서대로 차근차근 나아간다면 후회를 최소화하며 틀림없이 변혁에 성공할 것이다.

그런데 마지막 줄에서 전하는 교훈을 눈치챘는가? 성공해서 주변의 칭찬을 받고 아랫사람이 따르는 자가 자신의 위치에 안주하면 향후 스스로 부패의 근원이 되는 만큼 제때 물러나라는 교훈으로 마무리하고 있다.

인간은 나약한 존재다. 아무리 시간이 흐르더라도 소인은 자신 안에 웅크리고 있다. 이 사실을 절대 잊어서는 안 된다. 일화에 나오는 구더기 같은 존재가 되거나 '꼰대'라고 뒤에서 험담을 듣는 쓸쓸한 말년을 맞이하지 않도록 성공한 후에는 자만하지 않게 주의를 기울여야 한다.

운명을 뒤바꿀 질문 27

성공한 후 명심해야 할 점은 무엇인가?

28

화풍정
火風鼎

안정된 시기.
넓은 시야로 포용하고 당당하되
차분히 조화로움을 유지하라는 의미.

합의 도출은 전골 요리 같은 것,
차분히 보글보글 푹 익혀라

복잡한 세상을 이루는 균형과 조화 이해하기

중국 고대 왕조에서 사용하던 다리가 3개 달린 솥을 '정(鼎)'이라고 한다. 왕의 권위를 표현하는 중요한 제례에서 사용했으며 장식도 화려하다. 현재도 '정립(鼎立)'이라는 문자 그대로 정치와 안정된 지위, 태평함을 상징하며, 본괘는 이로부터 가르침을 얻고자 한다.

정의 특징은 3개의 다리로 안정감 있게 균형을 잡고 있어 묵직한 존재감이 느껴진다는 점이다. '삼위일체(三位一體)'처럼 '삼'이라는 숫자는 균형과 안정을 나타낼 때 쓰이기도 한다.

『주역』에서도 '중용'처럼 균형과 안정, 하늘이 내린 시기와의 조화를 중시한다.

- 지금은 길인가 흉인가?
- 이것은 해야 할 일인가 아닌가?
- 『주역』은 도움이 되는가 되지 않는가?

그렇기에 위 질문들처럼 단순한 이원론으로는 복잡한 세상에서 참된 답을 찾아낼 수 없다. 이 사실을 이해하지 못한다면 『주역』은 난해한 대상으로 남아 진정한 의미를 깨닫기 어려워진다.

해결할 수 없는 문제에는 새로운 시작이 필요하다

문제 해결 방식에는 '시간이 약'이라 해서 '안정된 상태에서 때를 기다리는' 방식이 있다. 기업의 '기술적 문제(technical problem)와 적응 과제(adaptive challenge)'도 그중 하나다.

하버드 케네디 스쿨에서 25년간 리더십론을 강의한 로널드 A. 하이페츠(Ronald A. Heifetz)는 하버드 졸업생이 뽑은 '가장 영향력 있는 수업'의 교수로 선정되는 한편, IBM, 마이크로소프트, 맥킨지&컴퍼니, 세계은행 등의 고문을 역임하기도 했다. 로널드는 기존 방식으로 해결할 수 있는 문제를 '기술적 문제', 일반적인 방식으로는 해결할 수 없는 복잡하고 어려운 문제를 '적응 과제'라고 정의했다.

'적응 과제'에는 대사증후군처럼 투약이나 수술보다 식이요법과 생활 습관 개선 같은 장기적 노력이 필요하다. 기업으로 치면 기업 문화 및 노동 방식 개혁 같은 체질 개선에 해당한다. 누군가 명령해 억지로 시키거나 규정을 강요하는 강제적 방법보다 원활한 관계를 구축하기 위해 대화부터 차근차근 시작하는 것이 해결책이다.

『주역』의 가르침인 '중용'은 천시(天時)[2], 지리(地利)[3], 인화(人和)[4]를 통틀어 생각해야 한다. 앞에서 언급한 이원론적 질문도 우선 다음처럼 수정할 필요가 있다.

- 지금은 어떤 점이 길이고 흉인가? 어떤 것을 택해야 자신에게 길로 작용하는가?
- 이것은 지금 해야 할 일인가 아닌가? 반드시 해야 한다면 어떻게 해야 좋을까?
- 『주역』의 질문을 통해 천지인(天地人)과 같은 다양한 시점을 지니고 어떤 방식으로 자신만의 답을 내면 좋을까?

조직이 장기적으로 발전하기 위해서는 경영자, 직원, 소비자 간의 조화와 협력이 필수다. 도시 정비나 마을 재건

---

[2] 하늘이 내린 때.
[3] 땅의 이로움.
[4] 사람 간의 화합.

을 위해서는 젊은 세대, 외부인, 괴짜 등과 같은 새로운 시점이 필요하다.

해결할 수 없는 문제에는 '제삼자의 시점'이 필요하다는 사실을 꼭 기억해야 한다.

운명을 뒤바꿀 질문 28

**어떤 일로 고민하고 망설이는가?
이를 당신의 생각으로 바꿀 수 있는
제삼자의 시점은 무엇인가?**

29

화뢰서합
火雷噬嗑

단호하게 장애물을 제거하는 시기.
우유부단한 태도로는
거사를 치를 수 없다는 의미.

문제가 발생하면 샅샅이 파악해
단호하게 조치하라

큰 미래를 위해 눈앞의 장애물을 치워라

'서합(噬嗑)'이란 깨물어 부순다는 의미다. 본 괘는 장애물 발생 시 단호하게 처치하는 것에 대해 설명한다. 화뢰서합이라 하면 막부 말의 '오와리번(尾張藩)[5]'의 번주 '도쿠가와 요시카쓰(德川慶勝, 1824~1883년)'가 떠오른다. 공을 내세우지 않고 물러난 자로 잘 알려지지 않았지만, 과거 오와리번의 번주이자 도쿠가와 고산케(德川御三家)[6]의 대표 다이나곤(大納言)[7]으로 막부 말에 무혈 혁명을 주도한 퍼실리테이터(facilitator)다.

에도무혈개성(江戶無血開城)은 요시카쓰의 최대 업적이다. 사쓰마번과 조슈번을 중심으로 한 신정부군이 막부를 멸하고자 진군해 올 때 노련하게 합의를 끌어냄으로써 내전을 면할 수 있었다.

에도무혈개성은 가쓰 가이슈(勝海舟)와 사이고 다카모리(西鄉隆盛)가 직접 담판을 한 결과라고 생각하는 사람도 있을 것이다. 하지만 그 회담은 가쓰 가이슈의 개인적 주

---

5 일본 도카이도 서부에 있던 국가, 현 나고야시 부근.
6 '오와리, 기슈, 미토'로 구성된 도쿠가와 이에야스의 대표 후손인 세 가문.
7 국정 최고 기관의 차관에 해당하는 벼슬자리.

장이었으며 장소도 결정되지 않은 상태였다. 사실상 그 전에 야마오카 뎃슈(山岡鉄舟)가 사이고 다카모리에게 대화를 제안한 일이 결정적이기도 했으며, 현실적으로 중간 관리직인 가쓰 가이슈와 사이고 다카모리만의 힘으로는 해내기 어려운 큰일이었다.

중요한 것은 결과다. 양군 합의 문서의 첫 문장은 '에도성은 오와리번에 일임한다'로 시작한다.

당시 요시카쓰는 오와리번의 전 번주였으나 실권을 쥐고 있었으며, 신정부의 의정(議定)도 겸임해 인계받았다. 의정은 총재, 의정, 참여라는 '3직' 중 하나로 행정관청을 감독하는 중직을 가리킨다. 즉 '오와리번에 일임한다'는 말은 오와리번이 쇼군 도쿠가와 요시노부(德川慶喜)에게 에도성을 인계받음과 동시에 신정부 의정까지 넘겨받은 감탄할 만한 성과였다.

그 결과 '삿초 연합군에게 본때를 보여줘야 한다!', '순순히 에도성을 넘길 셈인가!'라며 줄곧 날을 세우던 막부군도 오와리 번주인 요시카쓰의 위엄에 창을 거두었고, 삿초 연합 역시 막부를 공격할 명분을 잃었다.

에도무혈개성은 뛰어난 문제 해결 방식을 보여주었다.

당시 혼란스러운 일본 정세를 읽어낸 요시카쓰는 내전만큼은 무슨 일이 있어도 피하고자 했던 것이다.

이 위업에는 복선도 깔려 있었다. 우선 요시카쓰는 삿초군이 에도로 진군하는 과정에서 도카이도(東海道)와 나카센도(中山道)의 수많은 번을 지나 신사와 절에 이를 때까지 수많은 무장 세력에 400통이 넘는 '부전(不戰)' 각서를 미리 제출하도록 지시했다.

또 4년 전 전국에서 15만 명이 넘는 군사 세력이 동원된 제1차 조슈 정벌에서 막부군의 총독을 맡았던 요시카쓰는 항복한 조슈 가문의 우두머리 3명이 할복하는 것을 끝으로 더 이상 문제 삼지 않았고, 쇼군인 도쿠가 요시노부의 반대에도 공격을 멈추고 전군을 철수시켰다.

피로 얼룩진 막부 말기에 요시카쓰는 시종일관 부전의 인도주의 방침을 유지했으며, 수많은 관계자와 원활히 소통함으로써 일본을 메이지유신으로 이끌었다.

비 온 뒤 땅이 굳는다

요시카쓰의 업적을 논하자면 아오마쓰바(青松葉) 사건

을 빼놓을 수 없다. 아오마쓰바 사건은 해당 지역에서도 금기시된 이야기로 에도무혈개성 직전인 1868년 1월 오와리번에서 일어난 무사 숙청 사건이다. 요시카쓰의 지시로 갑작스럽게 14명이 참수되고 20명이 처형당했다. 칙령 등 여러 설이 있지만, 요시카쓰가 직접 사건의 전후 기록을 소각한 듯하며 진상은 알 길이 없다. 단순히 은폐했다는 의미가 아니다. 다만 사건의 책임자가 요시카쓰라는 사실만큼은 분명하다.

이 사건은 처형당한 중신 중 우두머리 격인 와타나베 신자에몬(渡辺新左衛門) 가문의 별칭이 '아오마쓰바'였다는 점에서 '조풍(朝風)[8]에 마음을 다해도 푸른 솔잎(青松葉)이 흩어져 흔적조차 없네' 같은 조소 어린 단가를 남겼고 '아오마쓰바 사건'이라 불리며 요시카쓰 인생의 오점으로 남았다. 하지만 고지식하고 우직한 태도로 일관해온 요시카쓰의 성향을 생각해보면 요시카쓰보다 높은 위치에 있는 사람 또는 당시 독단으로 일을 저지른 관계자를 감싸고자 대신 오명을 뒤집어썼을지도 모른다는 추측이 든다.

---

[8] 아침 바람, 즉 조정을 가리킴.

결과적으로 숭고한 희생의 결과 오와리번의 내부 대립은 단숨에 해결됐다. 삿초 연합이 오와리번을 통과할 때도 '마치 여행길 같다'라는 말이 나올 정도로 안전이 보장됐다.

본 괘에서 말하듯 대의를 위해 불가피한 '서합(단호한 처치)'의 판단을 내린 자라도 희생자를 기리는 마음이 있었을 것이다. 요시카쓰는 에도성 인도가 마무리되자 즉시 중앙 정계에서 물러났다. 사건 수습 방식부터 물러날 때를 아는 판단력까지 요시카쓰의 삶의 태도를 보면 『주역』의 가르침을 그대로 실천한 듯하다.

'세상을 위해, 사람을 위해'라는 '대의'를 실현하고자 하는 마음가짐만 있다면 장애물에 맞닥뜨려도 단호히 제거할 수 있다. 우유부단한 태도로는 대사를 도모할 수 없다.

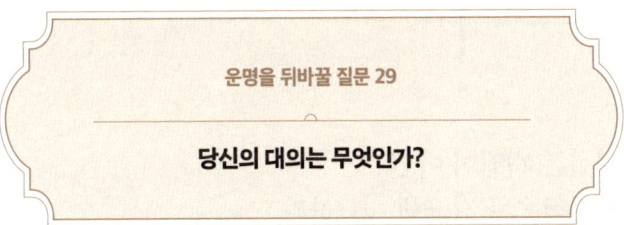

운명을 뒤바꿀 질문 29

당신의 대의는 무엇인가?

30

택화혁
澤火革

개혁의 시기.
주도면밀하게 준비해 아군을 모아
성의 있고 대담한 자세로
끈기 있게 나아가라는 의미.

어설픈 개입이 아닌
근본적으로 접근해 개혁하라

시대의 리더는 변화를 두려워하지 않는다

'혁(革)'을 주제로 한 본 괘에서는 '군자표변(君子豹變)'이라는 유명한 말이 등장한다. 오늘날에는 부정적인 의미로 사용되는 일이 많지만, 본래 '훌륭한 인물은 자신의 과오를 깨달으면 즉시 이를 고친다'라는 긍정적인 의미를 담고 있다.

'표범의 털가죽이 뚜렷하게 바뀌는 것처럼 우선 자신이 변한다. 아름답게 성장하면 주변의 신뢰를 얻고 개혁에도 성공할 것이다'라는 솔선수범의 덕을 나타내는 괘라고 할 수 있다.

개혁하고자 할 때는 대의가 정당한지, 시기가 적절한지 신중하게 생각해야 한다. 여기에 과감함과 끈기까지 갖춰야 한다고 『주역』에서는 설명한다.

개혁은 아직 이르다.
아무리 마음이 급하더라도 지금은 상황을 관망하라. 움직여서는 안 된다.
조급함은 금물이다.
때가 무르익기를 기다려라. 내밀히 준비하라. 결전의 날에 과감하게 행동할 수 있도록.
독단으로 진행하면 위험하다.
주변 의견을 듣고 적어도 세 번의 논의를 거쳐 결정하라.

호랑이 가죽이 아름답게 변모하듯 리더가 성장하면 주변에서도 신뢰한다. 성의 있게 개혁을 실행하라. 진정성이 있다면 반드시 성공한다.
리더(호랑이)가 성장하는 모습을 보면 주변(표범)에서도 이를 배워 아름답게 변모해간다.
소인이 본질에 닿지 못하고 겉모습이나 분위기만 바꿨다 해서 나무라서는 안 된다. 기뻐하면 그것만으로도 충분하다고 생각하라.
자신의 내면을 전부 바꾸면서 신중하게 개혁을 완성해나가야 한다. 주변에 과도하게 요구하는 것은 삼가고 자연스럽게 개혁이 정착되는 것을 차분히 기다려라.

개혁에는 주도면밀한 준비와 타이밍이 필요하다. 나아가 주변을 확실하게 아군으로 만들어야 한다. 성공하면 절대적인 가치를 지닌다. 하지만 『주역』에서는 결과에 앞서 리더가 스스로 존경받을 만큼 성장해 주변의 모범이 되는 자세가 필요하다고 역설한다.

운명을 뒤바꿀 질문 30

**조직을 과감히 바꾸고자 할 때
우선 어떻게 성장해서 모범을 보일 것인가?**

31

뇌풍항
雷風恒

방침을 관철해나가는 시기.
변치 말아야 할 것은
끊임없이 변화하는 자세라는 의미.

변치 말아야 할 축을 깨달은 사람이야말로
변혁을 일으킬 리더다

변하기 위해서는 흔들리지 않는 축이 필요하다

오늘날의 경영 환경은 상시 변하는 만큼 현상을 유지하는 것만으로는 살아남기 어렵다. 따라서 조직은 끊임없이 변화해야 한다. 동시에 변하지 않는 축도 필요하다. 변화시켜야 할 부분과 그대로 유지해야 하는 부분을 정확히 구분하지 못하면 앞서 다룬 '과잉 적합' 사례처럼 당장은 괜찮을지 몰라도 또다시 환경이 변화됐을 때 부적합한 상황이 발생할 위험이 있다.

'변치 말아야 할 것, 그것은 오직 하나, 바로 변하고자 하는 일'이라는 도쿄 가스의 슬로건에서도 느낄 수 있듯 끝없이 변하는 거대한 원심력을 유지하기 위해서는 같은 질량의 구심력이 필요하다. 이때 흔들리지 않는 축이 필요하다. 뇌풍항 괘에서는 다음과 같은 교훈을 전한다.

처음부터 너무 깊이 들어가고자 하면 안 된다. 자신의 역량을 가늠해라. '지속하면 결국 해내는' 시기다. 기존 방침대로 끈기 있게 나아가라. 방침을 바꾸어서는 안 된다. 덕이 부족하고 절도를 잃으면 수치를 당하고 신용을 잃는다.

예측에 실패해 이익을 내지 못할 때는 모두 단념하고 하루빨리 손을 떼라. 정론도 좋지만, 완고하고 융통성 없는 태도로는 제대로 대응하기 어렵다. 아랫사람이라면 상관없으나 자발성과 임기응변이 요구되는 지도자라면 흉에 해당한다. 부동심과 지나치게 동떨어졌다. 확고한 목적도 없이 관심사만 바꾸어서는 안 된다. 노력하는 방식이 잘못됐다. 아무리 정신없이 이리저리 뛰어다녀도 성과는 나오지 않는다.

이 난해함에 깊은 의미가 숨어 있는 듯하다.

흔들리지 않는 축은 조직의 미래가 된다

최근에는 '퍼포스 경영'이라는 말이 경영 전략이나 브랜드 키워드로 사용된다. 보통 '퍼포스(purpose)'는 '목적, 의도'로 번역하나 여기에서는 기업이나 조직, 개인의 '사회적 존재 의의'를 축으로 삼는 경영을 가리킨다. 세계적으로 성공한 기업에서도 '퍼포스 경영'을 내걸고 있다.

- 전 세계의 정보를 다루어 세상 모든 사람이 접근해서 사용

할 수 있도록 만든다. —구글(Google)
- 지구상에서 누구보다 고객을 소중하게 여기는 기업이 되는 것을 목표로 삼는다. —아마존(Amazon)

실제로 구글은 우여곡절을 겪으면서도 끝까지 검색 시스템 개발에 몰두했고, 아마존은 수많은 시행착오를 겪으면서도 고객에게 상품을 전하는 일에 매진했다. 그 결과 두 회사 모두 세계적인 기업으로 거듭났다.

핵심은 자신만의 흔들리지 않는 축을 스스로 고민해서 찾아내고 일단 방침을 정하면 변치 말고 지켜나가는 것이다. 바로 그 자세가 결과적으로 끊임없이 변할 수 있는 비결이다. 존경받는 지도자란 흔들리지 않는 축을 갖추고 끊임없이 변해가며 성장하는 사람이다.

운명을 뒤바꿀 질문 31

당신의 인생에서 흔들리지 않는 축은 무엇인가?

32

지택림
地澤臨

불타오르는 희망을 안고 출발하는 시기.
교육은 깊이 배려하고 수용하며
거듭 가르치는 일이라는 의미.

의견이 잘 전달될 때
올바른 태도로 소중한 마음을 전하라

희망을 찾아내고 마음을 하나로 모아라

막부 말에 막부가 보유하고 있던 초기 군함 '간린마루(咸臨丸, 함림환)'의 이름은 본 괘에서 따온 것이다. 한마음이 되어 서로 협력하며 앞으로 나아가자는 포부를 담고 있다. 서로 목적을 달성하고자 하는 마음을 진심으로 헤아리고 두터운 신뢰를 바탕으로 나아가면 분명히 순조롭게 일을 진행할 수 있다. 더불어 이를 보고 기대하는 마음이 중요하다고 설명한다.

와세다대학 비즈니스 스쿨의 이리야마 아키에(入山章栄) 교수의 저서 『세계 표준 경영 이론(世界標準の経営理論)』에 등장하는 다음 일화가 본 괘를 잘 표현하고 있다.

(필자 요약)

헝가리군 소대의 젊은 중위가 알프스산맥으로 정찰대를 보냈다. 정찰대가 떠나기 무섭게 눈이 내렸고 이틀 동안 그치지 않은 탓에 정찰대는 돌아오지 못하고 있었다.

마침내 사흘째 되던 날 돌아온 정찰대에 중위가 "무슨 일이 있었는가?"라고 묻자, "길을 잃고 헤매다가 이제 다 끝이라고 포기했을 때 한 대원이 주머니에서 지도를 발견했습니다. 덕분에 무사히 돌아오는 길을 찾아낼 수 있었습니다!"
라는 대답이 돌아왔다.

대원들의 목숨을 구한 지도를 살펴보니 그 지도는 알프스산맥 지도가 아닌 피레네산맥 지도였다.

다른 지도였어도 그 자체가 대원들에게는 희망이 됐다. 그 덕에 두근거리는 마음을 안고 서로를 신뢰하며 한마음으로 협력하며 길을 찾아 나섰다. 이것이 '함림(咸臨)' 그 자체다.

이리야마 교수는 이 내용을 경영학의 '센스메이킹(sense-making) 이론'으로 소개했다. 한편 히타치제작소 연구원 야노 가즈오는 센스메이킹을 다음과 같이 해석했다.

(필자 요약)

'센스메이킹'을 일본어로 번역하면 '납득' 또는 '각오'라는 의미다.

최악의 선택은 '미래를 예측할 수 없으니 행동하지 않는' 일이다. 굳은 마음으로 행동함으로써 미래를 능동적으로 만들 수 있다.

경영이란 거친 눈보라를 뚫고 나아가는 듯한 미지의 영역이며, 센스메이킹이란 비즈니스에서 결정적으로 중요한 역할을 하는 미래를 믿는 힘이다.

야노는 『주역』의 가르침을 '웰빙(well-being, 신체적, 정신적, 사회적으로 행복한 상태) 경영'에 적용해 실천하고 있다.

운명을 뒤바꿀 질문 32

**주변 사람과 한마음이 되기 위해
할 수 있는 일은 무엇인가?**

33

수풍정
水風井

표리부동하지 않고 꾸준히 일하는 시기.
사람이 모이는 곳이란 정성스럽게
환경이 정비된 곳이라는 의미.

사람이 모이는 곳은
늘 관리를 게을리하지 말고 쾌적하게 유지하라

맑은 우물은 늘 쓸고 닦는 누군가가 있기 때문이다

프로야구 닛폰햄 파이터스를 지휘해 2016년 일본 시리즈와 2023년 일본 야구 대표 팀 '사무라이 재팬'을 WBC 우승으로 이끈 구리야마 히데키 감독도 『주역』에서 가르침을 얻는 사람으로 유명하다. 감독의 저서 『구리야마 노트(栗山ノート)』에는 '곤위지', '산천대축', '감위수', '수택절', '건위천', '뇌천대장' 같은 다양한 괘가 등장한다.

구리야마 감독은 현역 시절 메니에르병[9]과 팔꿈치 통증에 시달리다 29세의 젊은 나이로 은퇴해 갖은 고생을 했다. 그는 인생의 풍파를 겪으며 안게 된 고민을 극복하고자 『주역』을 공부하기 시작했다고 한다. 이후 『주역』에서 배운 지식을 살려 훗날 TV 캐스터부터 대학교수까지 다방면으로 활약했으며, 50세에는 닛폰햄 파이터스의 감독으로 발탁됐다.

지금은 세계 최고의 선수로 우뚝 선 오타니 쇼헤이 선수를 키워낸 일은 구리야마 감독의 대표적인 업적 중 하나다. 오타니 선수의 특기는 단연 이도류로 타자뿐만 아니라 투

---

[9] 난청과 함께 평형감각을 잃고 현기증을 일으키는 난치병.

수로서도 초일류다. 그가 세계 정상의 미국 메이저 리그에서 최우수 선수에게 수여하는 MVP에 선정되는 등 눈부신 활약을 펼친 배경에는 최적의 환경을 정비해 물심양면으로 지원한 구리야마 감독의 정성 어린 노력이 있었다.

구리야마 감독이 깨달음을 얻었다고 하는 본 괘는 사람이 모이는 장소를 정비하는 일의 중요성을 우물에 빗대어 설명한다.

예로부터 우물은 사람이 살아가는 데 반드시 필요한 물을 공급하는 장소로서 생활의 중심에 있었다. 전쟁으로 나라와 마을이 바뀔지언정 우물은 장소가 바뀔 일이 없었고 아무리 퍼내도 바닥을 드러내지 않았으며, 누가 찾아오든 물을 제공했다.

한편 우물을 유지하기 위해서는 청소, 돌 쌓기, 두레박 수리부터 가장 중요한 수질 유지까지 자잘하면서도 방대한 관리가 필요하다. 그중 하나라도 빠지면, 수질이 오염될 뿐 아니라 물을 퍼 올리는 일 자체가 불가능하다. 그렇다면 누가 이렇게 고된 일을 할까?

본 괘에서는 '스스로 그 일을 하라'라고 말한다. 비록 누구에게도 감사하다는 말을 듣지 못하더라도 빈틈없이 꼼꼼하게 꾸준히 작업하는 것이다. 계속 노력하면 이를 높이 평가하는 사람이 나타나 그동안의 고생을 인정받게 되며, 지금까지 많은 사람을 행복하게 해주었듯 자신도 행복해진다. 지금은 빛을 보지 못하더라도 언젠가 이를 알아주는 사람이 반드시 나타난다. 인정받지 못하더라도 포기하지 말고 재능을 더 갈고닦으라고 강조한다.

우물이란 많은 사람이 찾아와 물을 마시고 기뻐해야 존재 가치가 있다. 이타심을 갖고 꾸준히 노력해 세상 사람들의 신뢰를 얻으면 훗날 큰 보상이 돌아온다.

구리야마 감독은 '우물 뚜껑을 닫고 독점해서는 안 된다. 봉사하는 마음을 가지면 크게 길할 것이다'라는 본 괘의 가르침대로 닛폰햄 파이터스 시절 타자와 투수로 맹활약하며 팀의 에이스로 성장한 오타니 선수를 흔쾌히 메이저 리그로 보내주었다.

구리야마 감독이 오타니 선수의 졸업 세리머니 때 보낸 선물에는 '세계 최고의 선수가 될 것이라 믿습니다'라는 메시지가 곁들여 있었다고 한다. 그리고 그 바람은 멋지게 실현됐다.

좋은 환경에 좋은 능력을 가진 자가 온다

오타니 선수는 고등학생 시절에 최고 시속 155km의 강속구를 던지는 선수이자 최강의 4번 타자로 소문이 자자해 일찌감치 메이저 리그에서 영입 제의가 들어왔으며, 본인도 미국 진출을 발표했다.

이러한 상황에서 구리야마 감독은 "오타니 선수에게는 정말 미안하지만, 닛폰햄에서 지명하겠습니다"라는 유명한 말을 남겼고, 예고대로 드래프트 회의에서 오타니 선수를 지명해 당당하게 교섭권을 획득했다. 하지만 당시 오타니 선수는 "놀라기도 하고 당황스러웠다. 높이 평가해주신 점은 감사하나 미국에서 활동하고 싶다는 생각에는 변함이 없다"라고 답하며 닛폰햄 파이터스 제안을 거절했을 뿐만 아니라 초반에는 방문에도 응하지 않았다고 한다.

하지만 구리야마 감독이 직접 방문한 것까지 포함해 총 네 번 협상한 끝에 오타니 선수는 닛폰햄 입단을 결정했고, 이 사실을 들은 다른 구단들은 입을 다물지 못했다.

구리야마 감독은 메이저 리그에 진출하고자 하는 의지가 확고했던 오타니 선수를 어떻게 설득했을까? 첫 번째 비밀은 바로 이 괘의 가르침이기도 한 '사람이 모이는 곳이란 정성스럽게 환경을 정비한 곳'이라는 것이다. 다음 장에 등장할 '산뢰이'에도 꼭 들어맞는 내용이 나오므로 계속해서 그 비밀을 알아보도록 하자.

운명을 뒤바꿀 질문 33

**당신의 조직을 어떻게
좋은 환경으로 만들 것인가?**

34

산뢰이
山雷頤

먹기 위해 바르게 노력하는 시기.
쓰기보다는 키우고
자타를 함께 키워내는 것이 길하다는 의미.

동료에게 맞는 최적의 환경을 갖춘 뒤
의미 있는 말을 건네라

사실적이고 설득력 있는 말이 사람을 움직인다

구리야마 감독이 스스로 나선 '고등학생 야구 선수 오타니'를 설득하는 과정에서 결정적 역할을 한 것은 300쪽에 달하는 '오타니 쇼헤이 선수의 꿈을 위한 이정표-일본 스포츠계의 청년기 해외 진출에 대한 고찰'이라는 자료였다. 이 자료는 한때 닛폰햄 파이터스 공식 홈페이지에 공개됐으며, 기업의 인재 육성 담당자 사이에서도 화제가 됐다. 주요 내용은 다음과 같다.

1. 오타니 선수의 꿈 확인
① 오타니 선수의 희망, 성취 비교
② MLB(메이저 리그 베이스볼)의 최우수 선수가 되기까지의 여정

2. 일본 야구와 한국 야구의 메이저 리그 도전 실태
① 일본 야구, 메이저 리그 선수
② 일본인 메이저 리그 선수의 커리어
③ 한국 야구, MLB 진출 상황
④ 고등학교 졸업 후 메이저 리그에 진출한 한국 선수의 성적

⑤ 한국인 메이저 리그 선수의 커리어

⑥ 일본 야구, 기타 아마추어 중 MLB 도전자

⑦ 일본·한국 야구, 메이저 리그에서의 활약 내용 정리

3. 일본 스포츠의 경기별 해외 진출 경향

① 경기별 해외 진출 경향 차이

② 경기별 해외 진출 경향 + 지표

③ 청년기 해외 진출이 적합한 경기

④ 경기별 청년기 해외 진출 적합성 비교

4. 일본인 선수가 세계 무대에서 활약하기 위한 방법

① 일본 축구 해외 이적 팀의 커리어

② 일본인에게 맞는 육성 항목

③ 'global(세계)'이 아닌 'international(다국적)'로 훈련하기

내용이 상당히 꼼꼼하게 구성되어 있는데, 더 대단한 점은 별지로 첨부한 '일본인 메이저 리그 선수' 내용이다. 별지에는 선수별 활약 연도가 색색의 막대그래프로 작성되어 있으며 '무작정 메이저 리그에 진출하기보다 일본에서

기초 체력을 키우고 성적을 낸 후 도전하는 편이 활약할 가능성이 높고 선수 생명도 길다'라는 내용이 일목요연하게 정리되어 있다.

많은 기업이 DX(Digital Transformation: 디지털 기술을 활용한 업무 개혁) 추진에 막대한 투자를 하고 있지만, 구리야마 감독의 탁월한 데이터 분석을 통해 작성한 본 자료는 한참 전인 2012년에 작성한 걸작으로 지금도 데이터 분석의 성공 사례로 꼽히며 많은 인기를 얻고 있다.

확고한 방침이 있다면 사람은 목표대로 나아간다

구리야마 감독은 여기서 멈추지 않고 오타니 선수를 투수와 타자 모두 가능한 이도류로 육성할 방침을 정했다. 입단 초반에는 오타니 선수 본인도 '그럴 생각은 없었다'며 놀랐을 뿐만 아니라 회의적이기까지 했지만, 닛폰햄 파이터스의 입단 회견에서는 '투수와 타자 모두 열심히 해보겠다'라며 이도류에 도전하겠다는 의지를 밝혔다. 당시 회견은 오타니 선수가 이도류 선수로 첫발을 내디딘 기념비적인 순간이었다.

구리야마 감독은 오타니 선수가 입단한 후 최적의 환경에서 연습할 수 있도록 우선 미성년자라는 사실을 고려해 외출을 제한했다. 식사 약속까지 구단에 사전 보고해야 했기 때문에 누구든 오타니 선수를 쉽게 불러낼 수 없었다. 실제로 오타니 선수는 입단 초기에 팀원과 식사할 때 이외에는 거의 외출하지 않았다고 한다. 입단 전부터 스타였던 오타니 선수가 여러 유혹과 사교 활동으로 인한 스트레스에서 자유로웠다는 점은 향후 성장에 큰 도움이 됐을 것이다.

컨디션을 철저히 관리하는 한편, 하루도 빠짐없이 몸 상태를 점검했고 투수 출전과 타자 출전 사이클까지 꼼꼼하게 관리했다. 본인 의견을 반영해 등판 주기를 정하기도 했다. 오타니 선수의 꿈이던 '메이저 리그 진출'도 늘 염두에 두면서 전부 자신의 판단에 따라 진행하도록 구단 전체가 물심양면으로 지원했다고 한다.

마침내 메이저 리그 도전에 성공하고 MVP로 선정될 만큼 성장한 오타니 선수는 이후 구리야마 감독이 이끄는 '사무라이 재팬' 팀에서 투수와 타자를 오가며 크게 활약했다. 경기장뿐 아니라 벤치나 대기실에서도 팀을 이끌었고, 위닝 볼[10]까지 성공하며 당당히 세계 최고의 자리를 차지했다. 애틋한 스승과 제자가 다시 만나 이루어낸 승리였다. 두 사람 역시 감개무량했을 것이다.

이와 같은 일화를 통해 인재 육성은 최적의 환경을 갖춘 뒤 의미 있는 말을 하는 수양이며 지도자가 마땅히 갖춰야 할 덕목임을 짐작할 수 있다.

---

10 상대 팀 마지막 선수를 아웃시켜 승리를 거둔 데 쓰인 공.

운명을 뒤바꿀 질문 34

**아랫사람을 성장시키기 위해
어떤 말을 건넬 것인가?**

35

택지췌
澤地萃

사람과 재물이 모여 번성하는 시기.
가벼이 들뜨지 말고 조심하며
늘 감사하는 마음으로 노력하라는 의미.

사람을 모을 때는 인망이 두터운
후배나 부하의 힘을 빌려라

큰 번성은 모두의 덕분이다

'췌(萃)'는 모여든다는 의미다. 사람과 재물, 자금이 모여 크게 번성하는 시기다. 평판이 좋아지며 승진하거나 인기가 높아지는 등 승승장구한다.

본 괘는 '등용문 괘'라고도 불리며 취직과 시험, 인사 같은 치열한 경쟁도 돌파할 수 있을 정도로 활기가 넘치는 때를 가리킨다. 단, 사람이 물밀듯 모이는 만큼 경쟁자가 많아지며, 불의의 사고가 일어나기 쉽다. 그러므로 긴장을 늦추지 말고 선배나 평소에 신세를 졌던 사람에게 이 기회에 진심을 담아 감사를 표하면 좋다.

비록 자신이 상사라 할지라도 경솔한 행동을 삼가고 후배나 부하 직원을 겸손한 자세로 대해야 한다. 그렇지 않으면 고립될 우려가 있다. 사람을 모을 때도 인망이 두터운 후배가 돋보인다 해서 질투하는 마음을 품어서는 안 되며, 텃세나 허영심은 묻어두고 최대한 의지하는 것이 바람직하다.

본 괘에서는 사람이 모이는 화려한 무대에 들뜬 나머지 무심코 남을 밀어내거나 경솔하게 행동하고 마는 우리 내면에 잠재된 소인에게 주의를 주고 있다. '눈에 띄지 않는 곳의 주인이 되어라', '주어진 자리에서 솔선해 움직여라' 같은 음의 역할 및 음덕을 발휘하는 것의 중요성을 역설한다.

운명을 뒤바꿀 질문 35

사람을 모으기 위해서 필요한 것은 무엇인가?

36

수지비
水地比

사이좋고 화기애애하게 나아가는 시기.
부름에는 신속하게 답하고
말은 먼저 나서서 건네라는 의미.

일단 먼저 말을 걸어라,
늦은 자는 상대해주지 않는다

속도는 성의 표시이기도 하다

일을 할 때 반응속도는 성의 표시이기도 하다. 반응속도가 빠른 사람은 상대방의 신뢰를 얻기 쉽다. 부르는 사람 입장에서는 아무래도 자신의 부름에 '가장 빨리' 대답하며 달려오는 사람을 호의적으로 생각하게 된다. 반응속도에서 성의가 느껴지기 때문이다.

한편 뒤늦게 찾아오는 사람은 부른 입장에서 어떻게 생각할까? 본 괘에서는 '뒤늦게 찾아오는 자는 타산적이고 신뢰하기 어려우므로 흉에 해당한다'라고 말한다. 오기 전까지 숨죽이고 상황을 지켜보던 사람이라는 인상을 주기 쉽다. 다시 말해 즉시 가야 자신에게 득일지, 일단 가만히 있어야 득일지 따져보는 사람으로 비치는 것이다. 이런 경우 상대방에 대한 성의가 느껴지지 않는다. 설령 왔다고 해도 진심으로 도와줄지 의문이다. 실제로는 어떨지 모르나 늦은 반응은 상대방에게 부정적 인상을 심어준다.

다만 일을 할 때 상대방에게 어중간한 결과물을 보이기는 싫은 법이다. 미흡한 결과는 위험하기도 하고 망신을 당하기도 싫기 때문이다. 그러나 이러한 위험을 감수하더라도 '대답을 기다리는' 불안한 상황에 처한 상대방을 배려해 진척 상황을 전달하는 성의를 보인다면, 상대방에게도 그 마음이 충분히 전달될 것이다.

리더의 업무는 사람을 모으는 일에서 시작된다

본 괘에서는 '함께하는 상대방을 확실하게 파악하라'고도 말한다. '싸우기 전에 승리해야 한다'는 손자(孫子)의 말처럼 조직의 성공 여부는 인선(人選) 능력에 달려 있다.

나아가 '리더는 집요하게 완벽함만 추구하기보다 관대한 마음으로 상대방을 대하는 태도가 중요하다'라는 말도 덧붙인다. '의심하려면 쓰지 마라, 쓰려면 의심하지 마라'라는 말도 있듯 좋은 동료를 모은 이상 믿고 맡기는 것이 성공하는 리더의 비결이다.

운명을 뒤바꿀 질문 36

사람을 신용하기 위해 할 수 있는 일은 무엇인가?

37

천뢰무망
天雷无妄

책사가 제 꾀에 넘어가기 쉬운 시기.
요령을 부리면 결국 엉뚱한 결과를 맞이하므로
자연스러움을 소중히 여기라는 의미.

상대방의 의견을 들은 후
결단을 내리되 책임은 스스로 져라

진정한 정의에 따라 행동하라

본 괘의 이름에 포함된 '무망(无妄)'이란 '함부로 행동하지 않는다'라는 의미다. '책사가 제 꾀에 빠지다'라는 말도 있듯 초조해서 경솔히 행동하기보다 섣불리 움직이지 말고 상황을 관망하는 편이 좋은 결과를 낳을 때도 있다. 때로는 묵직하게 부동의 자세를 취하는 모습은 예부터 변치 않는 리더의 조건이기도 하다.

최근에는 기업에서도 '진정성 리더십(authentic leadership)'이라는 말을 자주 사용한다. 진정성 리더십이란 '모범적이기 전에 자신다운 태도'를 강조하는 리더십 스타일을 말한다. 체면을 차리려 부자연스럽게 행동하기보다 겉과 속이 같게 일관된 행동을 취하면, 주변에서도 리더의 행동 패턴을 이해하고 결과적으로 조직의 행동에도 일관성이 생겨난다는 이론이다.

어디까지 자연스럽고 무심해질 수 있을까? 자연스러움의 본질은 아무것도 하지 않는 것이 아니라 하늘의 뜻에 부합하는 본래의 정직함에 따라 행동한다는 데 있다. 언뜻 보면 수동적 태도로 느껴질 수도 있지만, 실제로는 자연스러운 흐름을 중시하며 행동한다는 뜻이다.

임시변통으로 상대방을 움직이려 하거나 보수 혹은 이익만 중시하며 이해타산적으로 움직이거나 하늘의 뜻을 거스르고 정도를 벗어나는 행동을 하는 등 눈앞의 손익에만 몰두해 작위적으로 행동하면 위험에 빠지고 만다는 것쯤은 누구나 예상할 수 있다.

기사 가웨인의 결단

본 괘를 볼 때마다 생각나는 이야기가 있다. 영국의 오래된 설화다.

기사 가웨인은 왕의 목숨과 교환하는 조건으로 추하고 성질이 고약한 라그넬과 결혼하게 됐다. 결혼한 날 밤 라그넬에게 키스하자 라그넬은 갑자기 아름다운 모습으로 변했다. 놀란 가웨인에게 라그넬은 다음과 같은 선택지를 준다.

"기사님의 키스로 제게 걸려 있는 저주가 절반 풀렸습니다. 하지만 남은 저주로 앞으로 저는 하루 중 12시간만 아름다운 모습을 유지할 수 있습니다. 기사님은 제가 낮에 아름다운 모습으로 있을지 밤에 아름다운 모습으로 있을지 선택할 수 있습니다. 만약 제가 낮에만 아름다운 모습으로 있는다면 주변에서 '아내가 정말 아름답다'라며 감탄하겠지만 밤이 되어 둘만 있을 때는 추하고 심술궂은 모습으로 돌아와 기사님이 힘드실 겁니다. 반대로 낮에 추한 모습으로 있는다면 주변에서 '못난 아내를 얻었다'라고 수군거려 밖에서 힘드실 수 있습니다. 하지만 밤에 둘이 있을 때는 제가 아름다운 모습으로 돌아와 기사님을 정성껏 대할 것입니다. 어떤 선택을 하시겠어요?"

어떤 선택을 해야 할까? 낮에만 아름다운 모습을 택해야 할까? 아니면 밤에만 아름다운 모습을 택해야 할까? 가웨인의 선택은 둘 다 아닌 '제삼의 선택지'였다.

선택의 기로에 선 가웨인은 고민 끝에 결단을 내렸다.
"밤에만 못난 모습으로 있는다면 우리 둘 사이가 어색해져 라그넬이 힘들겠지요. 반대로 낮에만 못난 모습으로 있는다면 주변 사람들에게 모진 소리를 듣고 라그넬이 상처받을 겁니다. 그러니 내가 아니라 라그넬이 어느 쪽을 택해야 덜 괴로울지 고민해서 결정하도록 해요."

그 말을 들은 순간 라그넬의 저주가 모두 풀리면서 언제나 아름다운 모습을 유지할 수 있게 됐다.

라그넬에게 걸린 저주를 푸는 열쇠는 '훌륭한 기사에게 사랑받는 일'이었다. 저주란 상대의 불행을 바라는 일이기 때문에 상대방의 행복을 바라는 사랑이 해법이다. 이러한 면에서 가웨인의 대처는 매우 훌륭했다. 라그넬의 행복을 바라며 자신은 어떤 결과든 받아들이겠다는 마음으로 라그넬에게 선택을 맡긴 것이다. 가웨인의 훌륭한 결단은 본괘에서 전하고자 하는 마음을 완벽하게 표현한다.

리더에게는 늘 훌륭한 태도와 그에 걸맞은 결단이 요구된다. 이 점을 확실히 인식하기만 해도 결과는 확연히 달라질 것이다.

운명을 뒤바꿀 질문 37

**상대방의 마음을 배려한 일이
좋은 결과로 이어진 적이 있는가?**

5부

냉철한 자세가
따스한 봄을 부른다

출세

38

건위천
乾爲天

적극적으로 노력하는 시기.
지나침과 독주를 주의하면서
활약하라는 의미.

순조롭게 출세하는 시기일수록
활약하는 모습을 드러내지 마라

출세 이면에는 부작용과 성장통이 있다

본 괘는 6개의 효 모두 양으로 구성되어 있으며 가득 찬 기운으로 오로지 하늘을 향해 높이 오르는 시기를 나타낸다. 본래 64괘의 첫머리에 등장하는 괘다.

다만 언뜻 보면 대길처럼 느껴지지만 『주역』은 그렇게 단순한 풀이로 끝나지 않는다. 양이 강해지면 음 또한 강해진다는 사실을 기억해야 한다. 강한 빛이 비치면, 뒤편에서는 짙은 그림자가 드리우기 마련이다. 큰 기대를 받으며 활약하는 시기일수록 무리하기도 쉽다. 과로하지 않게 조심하거나 건강에 신경 써야 한다. 이러한 위험은 성장, 성공, 출세 등에 대한 의욕이 너무 넘친 나머지 자만심에 빠지기 쉬운 모든 상황에 똑같이 적용된다.

지나친 성장은 성장통을 동반한다. 그 속도를 따라오지 못하는 주변 사람과의 관계에도 균열이 생기기 시작한다. 자만심에 빠지면 예상치 못한 형태로 실패할 가능성도 높아진다.

한편 지나치게 크게 출세하면 시기하고 질투하는 사람도 많아진다. 02 '수화기제'에서 설명했듯 '사원 시절에는 우수했지만 무리해서 매니저로 승진한 후에는 직무 성격이 달라져 고민하는 사람'처럼 이상과 현실의 격차가 생기기도 한다.

출세하면 진급도 기대할 만하다. 다만 진급은 동기부여나 자랑거리가 될 만한 좋은 일이지만, 일단 그 자리에 맞는 능력을 갖추어야 다음 성과도 낼 수 있다. 올바른 인격과 지식을 갖추지 못하면 부하 직원의 반발을 사거나 동료와의 관계가 삐걱대는 등 조직이 흔들릴지도 모른다.

올바른 성장을 위한 여섯 가지 질문

그렇다면 순조롭게 출세하기 위해서는 어떻게 해야 할까? 본 괘에서는 '용의 성장 이야기'를 예로 들며 올바른 성장 방향성과 방법을 제시한다. 필자가 속한 비영리법인 '일본퍼실리테이션협회(FAJ)'에서는 그림 10과 같은 표를 이용해 워크숍을 개최한다.

이 그림은 왼쪽 '용의 성장 이야기'를 참고해 오른쪽에 '퍼실리테이션 능력의 성장 스토리'로 변환한 표다. 현재 자신의 위치는 어디인지, 더 높이 올라가기 위해서는 어떻게 해야 하는지 등에 대해 다양한 참가자와 정보를 교환하

그림 10 **용의 성장과 퍼실리테이션 능력의 성장**

> "'되고 싶은 모습' 중 당신은 현재 어느 단계에 있는가?"

주역	퍼실리테이션

용의 성장 이야기

단계	주역	퍼실리테이션
6단계	항룡(亢龍) 아쉬움이 있음	최근 칭찬해주는 사람들뿐이다.
5단계	비룡(飛龍) 하늘에 있음	몸이 10개라도 부족하다.
4단계	약룡(躍龍) 못에 있음	날아오를 기회를 노린다.
3단계	군자종일건건(君子終日乾乾)	고군분투, 매일 배움의 연속이다.
2단계	현룡(見龍) 밭에 있음	본보기(롤 모델)가 필요하다.
1단계	잠룡(潛龍) 아직 때가 아님	일단 배운다.

출처: 『초역 역경 양(超訳易経陽)』(다케무라 아키코, 신센샤, 2020)

고 논의를 거쳐 결론을 도출하고자 한다. 퍼실리테이션의 성장에 대해서는 다음과 같이 자문자답해볼 수 있다.

- 첫 번째 질문: 초심자가 갑자기 큰 무대에 오르는 일은 위

험하다. 무엇부터 배우면 좋을까? 안심하고 안전하게 연습할 장소는 없을까?

- 두 번째 질문: 기본적인 내용은 어느 정도 이해했으므로 프로를 목표로 한다. 누구를 본보기(롤 모델)로 삼고 있는가? 현장 경험을 더 쌓을 수는 없을까?
- 세 번째 질문: 일류를 목표로 하는 뜻을 세웠다. 세상과 인류에 도움이 되고 싶다. 낮에 실천한 일에 부족함은 없는가? 밤에 되돌아볼 때 부족함은 없는가?
- 네 번째 질문: 다른 사람들이 의지하고 기대에 부응할 만한 사람이 됐다. 충분히 응용할 능력이 있는가? 우연한 성공이 아니라 재현할 능력도 있는가?
- 다섯 번째 질문: 도움을 요청하거나 가르침을 구하는 사람이 늘었다. 일시적 성공이나 칭찬에 들뜨지는 않았는가? 자신을 도와주는 주변 사람에게 충분히 감사한 마음을 전했는가?
- 여섯 번째 질문: 그저 좋은 말만 듣고 있지는 않은가? 후임에게 길을 내주어야 하는 것은 아닌가? 물러날 때를 놓치고 다음 세대가 성장할 기회를 빼앗고 있지는 않은가?

출세하기 전에 우선 꾸준히 성장하는 일이 중요하다. 이 부분에서 본말이 전도되면 결국 기껏 공들여온 출세 자체가 물거품이 되어버린다.

한편 지금까지는 출세를 목표로 하는 일이 당연하다는 전제하에 이야기해왔지만, 과연 '출세'란 무엇일까? 다음 괘에서 한번 생각해보자.

운명을 뒤바꿀 질문 38

한 단계 더 성장하기 위해 필요한 것은 무엇인가?

39

곤위지
坤爲地

한 걸음 물러나 추진하는 시기.
본질을 간과하지 말고 끌어당기는 힘도
갖추라는 의미.

리더에게 가장 필요한 자질은
본질을 꿰뚫는 힘이다

받아들이고 묵묵히 키우는 힘이 필요할 때

본 괘는 38 '건위천(☰)'과는 반대로 6개의 효가 전부 음으로 이루어져 있다. 그렇다 해서 대흉을 의미하는가 하면, 단순한 이분법으로는 설명하기 어렵다. 일단 이 점을 이해한 후 대조적인 건위천 괘와 비교하며 풀이해보자. '양의 힘과 음의 힘'이라는 『주역』의 본질을 다루는 만큼 확실하게 이해하고 각자의 상황에 대입해보며 일상생활에도 활용해보자.

출세란 무엇인가? 출세란 세상에 도움이 되는 일이다. 승진은 이를 달성하기 위한 수단에 불과하다. 승진을 목표 삼아 순수하게 노력하는 '건위천'과 달리 승진뿐만 아니라 '또 다른 삶의 방식'의 의의를 논하는 것이 바로 '곤위지'다. 이를 다음과 같이 비교할 수 있다.

- 건위천 = 양의 힘(하늘의 덕)
- 곤위지 = 음의 힘(대지의 덕)

'건위천'에서는 하늘의 덕을 예로 들어가며 양의 힘을 설명한다. 반대로 '곤위지'에서는 대지의 덕을 예로 들어가며 음의 힘을 설명한다.

하늘은 빛과 비를 일으키고 대지는 이를 수용해 만물을 키워낸다. 우리는 하늘로부터 양의 힘에 해당하는 '일으키는 힘'을 배우고 이를 발휘하고자 한다. 동시에 대지로부터 음의 힘에 해당하는 '타인의 힘을 수용하고 기르는 힘'도 익혀야 한다. 『주역』에서는 이러한 대지의 덕을 '화성(化成)'이라고 표현한다. 화성은 매우 중요한 의미를 지니고 있어 기업명에도 많이 사용되는데, 대부분 『주역』에서 인용한 경우다.

흔히 올려다보는 하늘에 감사함을 느끼지만, 무언가를 일으키는 하늘과 이를 받아들여 묵묵히 키워내는 대지 사이에 위대함의 차이가 있을까? 하늘과 대지 중 한쪽만 존재해서는 생명을 키워낼 수 없다. 천지는 서로 떼려야 뗄 수 없는 관계, 즉 양과 음은 표리일체(表裏一體)다.

'덕불고필유린(德不孤必有隣)'[1]이라는 말도 음의 힘이 지닌 의의를 나타낸다. 양에만 의존하면 고독해지기 쉽다. 음은 키우는 대상과 늘 함께한다. 고독함이 고민인 리더는

---

[1] 덕 있는 자는 외롭지 않고 반드시 이웃이 있다.

이번 기회에 음의 힘을 다시금 의식해보길 바란다.

- 자신을 믿고 따라오는 사람들에게 리더다운 '음의 힘'을 제대로 발휘하고 있는가?
- 약자를 배려하며 대하고 있는가?
- 평소에 바르고 당당하게 행동하고 있는가?

위처럼 행동하고 있다면 안심해도 된다. 스스로 고립될 위험은 낮다. 자신을 인정해주는 사람은 반드시 있다. 내 편이 되어줄 사람은 반드시 나타난다. 어쩌면 이미 '음의 인물'이 곁에서 지지해주고 있는 것은 아닐까? 만약 이러한 사실조차 눈치채지 못한다면 불행한 인생이 아닐까? 본 괘에서는 다음과 같이 구체적인 조언을 여럿 전한다.

- 타인에게 양보하고 보이지 않는 곳에서 노력하는 것이 성공에 도움이 될 때도 있음을 깨달아라.
- 불필요한 언행도 쌓이면 두꺼운 얼음이 되니 주의하라.
- 정직하고 품행을 바르게 하며 많은 덕을 쌓는 일이 곧 목표다.

- 함부로 재능을 과시하지 말고 발휘할 타이밍을 기다려라.
- 하루하루 해야 할 일을 철저히 수행하고 본분에 최선을 다하라.
- 주머니 입구를 막듯 입을 다물고 낭비를 삼가며 평범하게 지낼 수 있는 용기를 지녀라.
- 음의 힘을 실천하고 온화한 임금처럼 찬란하게 빛나라.

음의 힘은 이렇듯 중요하다. 출세란 세상에 도움이 되는 일이다. 진정한 목적을 잃어서는 절대 안 된다. '명예와 이익만 지나치게 좇는다면 인생은 전쟁터가 된다. 그리하면 결국 상처 입고 피투성이가 되어 허망한 말로를 맞이하고 말 것이다'라고 충고하며 본 괘는 끝을 맺는다.

운명을 뒤바꿀 질문 39

무엇을 위해 출세하려 하는가?

택뢰수
澤雷隨

40

훌륭한 자를 따르는 시기.
훌륭한 인물을 철저하게 따름으로써
알찬 인생을 살 수 있다는 의미.

따를 만한 리더를 따르고,
리더는 성의와 감사로 품어라

사람을 따른다는 것의 진정한 의미

본 괘에서는 '따르는 덕'을 설명한다. 앞에서 언급한 '음의 덕'을 이해했다는 전제하에 더 깊이 있게 살펴보도록 하자. '따르다'라는 말은 단순히 무슨 말이든지 시키는 대로 한다는 의미가 아니다. 우선 '출세=세상에 도움이 되는 일'이라는 목적을 스스로 재정립하고 시작해야 한다. 이렇게 개념을 정리하면 '따르다'란 상대방을 믿고 가르침을 얻는 한편, 감사와 성의 있는 마음으로 상대방의 힘을 받아들여 키운 후 그 결과를 전부 수용하는 용기를 지니는 것이라는 의미다.

여기에는 대전제가 있다. 상대방이 자신이 따를 만한 인물인지 먼저 파악해야 한다는 점이다. 이 말은 자신의 입맛에 맞는 상사를 고르라는 의미가 절대 아니다. 오히려 그 반대다. '따를 상대를 찾아내지 못한 인생은 의미가 없다. 따를 자를 찾아내는 일은 가장 중요한 과제이므로 인생을 전부 걸고 진지하게 임할 필요가 있다'라는 뜻이다. 다시 말해 따를 상대를 찾지 못했다는 말은 자신에게 부족한 점이 있다는 의미이기도 하다.

따를 상대를 찾아내는 것은 결코 간단한 일이 아니라 인

그림 11 〈뇌신(雷神)〉— 하쿠인 에카쿠

출처: 레이토인(靈洞院)[2] | 그림 제공 : 하나조노대학 국제선학연구소

생의 중대 사업이다. 이 점을 분명히 이해할 필요가 있다. 하쿠인 에카쿠(白隱慧鶴, 1686~1769년) 승려가 그린 선화(禪畫)에 그 힌트가 담겨 있다. 선화란 불교의 마음을 전하고자 그린 그림이다. 하나조노대학의 요시자와 가쓰히로(芳澤勝弘) 교수는 그림 11을 해석과 함께 소개한다.

그림 11을 살펴보자. 그림 중앙에는 무서운 표정을 짓는 거대한 인물이 있고, 그 밑에 지시받는 듯한 왜소한 인물의 모습이 그려져 있다. 아래쪽 인물은 꾸지람을 듣고 있는 것일까? 그림 상단에 있는 문장의 내용은 다음과 같다.

뇌신이 마을 촌장을 시켜 자신이 쓴 편지를 풍신(風神)에게 전하도록 요청하는 모습.

그림 속 편지글도 읽어보자. 편지 내용은 다음과 같다.

뇌신인 내가 천둥 번개를 칠 테니 수고스럽지만 풍신인 자네가 구름을 몰고 와주지 않겠는가?

2 교토 최초의 선종 사원 겐닌지(建仁寺) 내 작은 절.

편지 내용을 알면 그림의 인상이 순식간에 바뀐다. 처음에는 그림 중앙에 있는 인물이 무섭게 느껴졌으나 알고 보니 그 인물은 뇌신이며, 어떻게든 가뭄을 해소하는 비를 내리고자 단짝인 풍신에게 편지를 쓴 것이다.

아래쪽 인물은 촌장, 즉 농민을 대표하는 자다. 촌장이 머리를 조아리고 있는 이유는 농민들이 뇌신에게 부탁해 비를 내리는 방법을 택했기 때문이다. 뇌신은 촌장을 꾸짖는 것이 아니라 오히려 농민들의 요청을 두 팔 걷어붙이고 들어주려 하고 있다. 과연 신답게 넉넉한 덕을 지닌 모습이다.

이 상황을 '새의 눈'으로 부감해보면 배경 구조를 더 깊이 이해할 수 있다. 아무리 뇌신이라 할지라도 혼자 비를 내리기는 어려운 듯하다. 여기에는 풍신과 비구름의 협력이 필요하며 그들의 힘을 빌리고자 감사하는 마음과 성의를 담아 편지를 쓴 것이다.

여기서 38 '건위천'의 용의 모습이 떠오른다. 흔히 용을 몬스터(monster)로 표현하는 서양과 달리 동양에서 용은 수신(水神)으로 그려지며 세상에 도움을 주는 훌륭한 인물을 상징한다. 따라서 '용이 승천한다'는 말은 '사람들에게

은혜로운 비를 내리도록 하는 모습'과도 같다. 인구 대부분이 농민이던 시대에 위대한 리더가 베풀 수 있는 최대의 덕은 논밭에 물을 공급하는 일이었다. 정치의 중심에는 기우제와 치수(治水)도 포함되어 있었다.

'건위천'에서도 설명했듯 리더만 독주하고 주변이 이를 따라가지 못한다면 좀처럼 성과를 내기 어렵다. 바람, 구름, 천둥이 동반되지 않는다면 용이 홀로 승천한다 한들 비를 내리지 못한다. 여기서 얻을 수 있는 교훈이 바로 '음의 힘'이다.

믿고 따라온 자들에게 성의를 잊지 마라

리더는 자신을 지지하는 주변 사람들에게 감사하는 마음을 갖고 신뢰와 성의를 보이는 것을 잊어서는 안 된다. 지지자들이 리더를 따르는 만큼, 혹은 그 이상으로 현장에서는 리더도 자신을 믿고 맡겨준 지지자들을 따를 필요가 있다.

더 자세히 들여다보면 하쿠인이 〈뇌신〉에 담은 깊은 의도까지 읽을 수 있다. 이 그림은 누구에게 전하기 위해 그

렸을까? 하쿠인과 같은 선승인 잇큐 씨와 관련된 전설에 이러한 내용이 나온다.

> 촌장 "제가 더 풍족하게 살 수 있도록 경사스러운 글을 써주시지 않겠습니까?"
> 잇큐 "좋다마다. 자 여기 있다. '아비가 죽고, 자식이 죽고, 손주가 죽는다.'"
> 촌장 "이게 무슨 소립니까! 불길하기 짝이 없습니다!"
> 잇큐 "무슨 소리! 자식이나 손주를 앞세우는 것만큼 불행한 일은 없다. 이 글에서 감사함을 느끼지 못하는 자네는 욕심이 넘쳐흐르는 자로군."

그림 11의 예에 이 대화를 대입해보면 가난에 시달리는 농민을 살피지 않고 충분히 풍족한 생활에도 더 욕심내는 촌장에게 하쿠인 승려가 '자네가 지금 할 일은 바로 이것이다'라며 '경사스러운 글'을 써준 것과도 같지 않을까? 자기 한 사람만의 풍족함을 추구할 것이 아니라 자신을 지지해주는 약자의 고통과 음덕에도 관심을 가져야 한다. 훌륭한 리더는 바로 이러한 자세를 지녀야 한다.

선화가 전하고자 하는 불교의 마음은 '따르는 덕'이다. 촌장은 농민들의 요청에 따르고 뇌신은 촌장의 요청에 따르며, 풍신과 구름은 뇌신의 요청에 따른다. 서로서로 따르면서 신뢰하는 팀이 되고 하늘의 덕을 불러 염원이 담긴 비를 내리게 함으로써 농작물을 키워내는 대지의 덕으로 이어진다.

'출세'란 훌륭한 인물을 알아보고 철저히 따르는 일이기도 하다. 만약 그렇게 된다면 번민에서 벗어나 충실한 인생을 살아갈 수 있다.

운명을 뒤바꿀 질문 40

**주변에 따를 만한 사람은 누구인가?
그의 어떤 점에 끌렸는가?**

41

뇌택귀매
雷澤歸妹

순서가 뒤집혀 엉망진창인 시기.
불합리한 상황에 빠진 때일수록
고고한 품성을 발휘하라는 의미.

조급함을 버리고
스스로를 돌아보라

선수를 빼앗기면 누구나 고통스럽다

본 괘는 결혼을 예로 들며 품성과 음덕의 중요성을 설명한다. 결혼에 조급해하는 마음은 예나 지금이나 마찬가지이며, 다음과 같은 선택을 하면 결혼 생활이 원만하지 못하므로 때를 기다리라고 강조한다.

- 분수에 맞지 않는 결혼
- 이해타산적이고 비뚤어진 마음으로 하는 구혼
- 부부가 서로 성의와 애정을 보이지 않는 허울뿐인 관계

결혼하려는 마음이 간절해지면 '서로의 행복'이라는 본래 목적을 잃고 결혼이라는 수단 자체를 목적으로 삼는다. 행복을 보증해주는 것이 결혼뿐만이 아님에도 결과가 뻔한 실패를 하는 이유는 우리 안의 '소인' 때문이다. 앞서 설명한 '세상에 도움이 되는 일'을 한다는 출세의 본래 목적을 잊고 승진이나 명예, 이익만 좇는 것과 마찬가지다.

결과가 뻔한 실패를 하지 않기 위해서는 매일 밤 그날의 행동을 철저하게 되돌아보고 자문자답해 반성하는 마음을 내면의 소인에게 들려줄 필요가 있다. 이를 '신독(愼獨)'이

라고 한다. 아무도 보지 않는 곳에서, 아무도 보지 않기에 홀로 언행을 삼가는 자세가 더욱 중요하다. 신독을 돕고자 본 괘에서는 다음 세 가지 품성을 갖추라고 조언한다.

- 만조가 될 때까지 초조해하지 말고 애석해하지 말며 인내심을 갖고 기다려라.
- 만월 직전의 달처럼 고아한 여성처럼 빛나는 음덕을 보여라.
- 눈앞의 손익보다 성의를 취하라. 아름다운 마음이 사람들의 마음에 가닿을 것이다.

분수에 맞지 않는 욕심이나 성공은 순서가 어긋나면 자신을 혼돈으로 몰아가고 만다.

운명을 뒤바꿀 질문 41

어떤 상황에서 자제력을 쉽게 잃고 마는가?

42

수천수
水天需

**일단은 기다려야 하는 시기.
기다리면 기회와 도움은 반드시 찾아오므로
지금은 힘을 비축해두라는 의미.**

난처한 상황에 빠졌을 때는 차분히 기다려라,
현명한 자들이 모일 것이다

수렁에 빠졌을 때는 도움을 기다려라

본 괘는 15 '지화명이(䷣)'와 상하좌우가 정반대인 것처럼 한 바퀴 빙 돌아 결국 같은 교훈을 전한다. '지화명이'는 무슨 일을 해도 잘 풀리지 않는 암흑 같은 상황이었지만, '수천수'는 수렁에 빠져 움직이지 못하고 도움을 기다리는 상태를 말한다.

실제로 수렁에 빠지면 어떻게 해야 할까? 안간힘을 써서 탈출할 수 있다면 모르지만 어쩔 도리가 없는 상황이라면 침착하게 도움을 기다리면서 꼬박꼬박 음식을 섭취하고 힘을 비축해두는 것이 현명할지도 모른다.『주역』에서는 다음과 같이 조언한다.

- 조용히 상황을 관망하며 자신의 실력과 지식 쌓는 일을 게을리하지 말고 꾸준히 갈고닦아라.
- 무모하게 변화를 시도하지 말고 일단 일상을 유지하려 노력하라.
- 시간이 해결해준다. 동요하지 말고 언쟁을 피하라.
- 경거망동하지 말고 신중히 기다려라.
- 든든한 조력자는 분명히 존재한다. 탈출할 때까지 잠자코

기다려라.
- 건강한 식사로 체력을 키우며 느긋하고 유유히 기다려라.
- 예정에 없던 손님이 갑자기 찾아오더라도 정중히 대접하라. 생각지도 못한 사람에게 생각지도 못한 도움을 받게 될 수도 있다.

고난을 성장으로 뒤바꾸는 방법

지금 직면한 고난이 타인 때문에 겪게 된 문제일지도 모른다. 아주 많이 고통스러울 테지만 그럴 때야말로 자신의 장점을 보여줄 기회로 삼아야 한다.

'내 탓이 아니야' 하며 도망쳐도 될 일을 온전히 내 일로 받아들인 후 보란 듯이 해결한다. 당당한 도전을 지켜본 주변 사람들이 든든한 아군이 되고자 모여들 수도 있다. 본 괘에서는 '자신이 바르게 행동한다면, 묵묵히 기다려도 현자들이 모여든다'라고도 말한다.

타인을 위해 노력하다 보면 반드시 고난을 겪는 순간이 찾아온다. '환골탈태하기 위한 수라장 경험'을 하는 셈이다. 그러므로 이 시기를 어떻게 보내는지가 중요하다.

힘들 때일수록 긍정적으로 생각해야 한다. 자신의 힘을 비축함과 동시에 주변인의 존재도 똑똑히 의식하며 적어도 실망을 안기지 않도록 행동해야 한다.

운명을 뒤바꿀 질문 42

**힘든 시기를 성장의 토대로 삼으려면
어떤 마음가짐이 필요한가?**

43

뇌지예
雷地豫

즐겁고 기쁜 마음으로 준비하는 시기.
출세하기 위해서는 이에 걸맞은 능력과
각오 등을 미리 준비해야 한다는 의미.

이직은 회사 밖에서도 통용될 만한
기술과 각오를 갖춘 다음에 생각하라

즐거운 시기일수록 방심은 금물이다

본 괘의 '예(豫)'는 즐겁고 신난다는 의미다. 『주역』의 매력은 힘들 때 전하는 교훈뿐 아니라 기쁠 때 전하는 교훈도 다룬다는 점이다. 음 뒤편에는 양이 감추어져 있고, 양 뒤편에는 음이 감추어져 있다는 일관된 시점을 유지한다.

회사 생활에도 즐거운 시기가 있다. 승진 소식을 듣거나 외부에서 스카우트 제의를 받았을 때처럼 말이다. 이때 주의해야 할 점은 무엇일까?

우선 승진했을 때는 자기만족에 빠져 나태해지거나 자만심이 넘쳐서 탈선하기 쉽다. 세상에는 타인의 승진을 곱게 보는 사람만 있는 것이 아니다. 뒤에서 질투하는 사람, 승진 기회를 빼앗겨 원망하는 사람도 있을 수 있다.

그렇다고 해서 승진을 기뻐하지 말라는 의미가 아니다. '여기서 만족할 것인가?'라고 자신에게 질문해야 한다. '호사다마'라는 말도 있듯 좋은 시기일수록 방심은 금물이다. 실력도 제대로 갖추지 못한 채 자만하거나 쾌락에 빠져서는 안 된다.

승진했다고 해서 (아직 별다른 유대감도 없는) 부하가 자기 뜻에 순순히 따라줄 것이라 착각하고 있지는 않은가?

상사의 마음을 얻어 승진했음에도 성공에 취해 윗사람에게만 굽신대며 기뻐하고 있지는 않은가? 승진 한번 했을 뿐인데 마치 고귀한 인간이 된 듯 착각하고 허황된 꿈만 꾸고 있지는 않은가?

본 괘에서는 '하루빨리 자신의 진정한 모습을 깨닫지 못하면 후회하게 된다. 분수를 알고 격에 맞게 행동하고자 노력해야 한다'라고 말한다. 타인에게 기대기 전에 자신부터 솔선수범해야 한다. 지도자로 존경받기 위해서는 이러한 자세가 필수다.

이직 후 실패하기 쉬운 패턴

외부에서 스카우트 제안을 받았을 때는 어떨까? 이때도 마찬가지다. 회사 밖에서도 통용될 만한 기술을 지니고 있는가? 이직할 자리에 걸맞은 능력을 갖추었는가? 무엇보다 이직이라는 큰 변화를 견딜 만한 각오와 준비가 되어 있는가?

필자는 기업 인사 업무를 담당했을 때 많은 이직자를 보았다. 한 가지 확실하게 말할 수 있는 점은 이직 성공 여부는 운이나 업무 적합성보다 '본인의 노력 여하'에 달렸다는 사실이다. 같은 시기에 같은 직장으로 이직한 사람들 사이에서도 성공과 실패가 나뉜다. 그중에서도 실패할 가능성이 높은 패턴은 '새로운 기술을 익히기 위해 이직한다'고 생각하는 사람이다.

중도 채용은 '커리어 채용', '경력자 채용'이라고도 하듯 새로운 직무에 적합한 능력을 지닌 사람을 모집한다. '현 직장에서 해본 적 없는 직무라서 도전했다'라는 지원 동기는 채용 목적과 어긋나기 때문에 논외 대상이다. 이는 신졸 채용이나 사내 공모에 지원한 사람이 할 법한 발상으로 만에 하나 이러한 경력자가 실제로 채용되면 비극적인 결과를 낳는다. 해당 직무에 필요한 능력을 아직 갖추지 못했기 때문이다.

타이완의 초대 총통 장제스(蔣介石)의 이름은 '돌(石)에 매달려서라도 분발한다'라는 본 괘의 의미에서 따왔다. 유혹에 굴하지 않고 오로지 노력하는 자세의 중요성을 강조하는 말이다.

한편 '일병식재(一病息災)'라는 말도 있는데 이는 '지병이 있는 사람은 늘 몸을 돌보기 때문에 오히려 장수한다'는 의미다. 이 표현은 잘 안되던 일이 오히려 긍정적 결과를 가져왔을 때 쓰인다.

두 사례 모두 '매력적인 유혹을 그저 즐기기만 해서는 안 된다. 돌에 매달려서라도 분발할 정도로 노력할 각오가 있는가? 지병이 있는 사람이 조심하듯 늘 주의를 기울이고 있는가?'라는 공통된 질문을 던진다. 이직은 출세를 위한 기회가 되기도 하지만, 그만큼 충분한 능력과 각오가 필요하다.

운명을 뒤바꿀 질문 43

**다른 직장에서도 통용될 만한
당신만의 기술이 있는가?**

44 풍수환
風水渙

좋은 일도 나쁜 일도 모두 흩어지는 시기.
환경 변화에는 임기응변으로 대응하며
바닥부터 시작하라는 의미.

회사 밖에서도 통용되는 기술을 갖췄다면
준비된 배를 타라

길도 흉도 되는 '흩어짐'의 사용법

『주역』에는 독특한 가르침도 많은데, 그중에서도 본 괘는 '흩어짐'의 덕을 설명한다. 흩어짐에는 지금까지 겪은 고난에서 해방되고 고민이 사라지며 고질적 문제를 해결할 방법이 보이는 등 긍정적 이미지가 있지만, 직장에서 해고되거나 가족이 뿔뿔이 흩어지거나 계약이 취소되는 등 안정된 상태가 흩어져버리는 부정적 이미지도 있다. 다만 여기에도 음양이 있어 회사나 가정이 흩어진 것이 그저 나쁘기만 한 일은 아니며, 바닥부터 다시 시작할 기회라고 생각할 수도 있다.

본 괘에서는 '길흉 모두 흩어져버리는 시기'를 예로 들며 일단 전부 초기화하고 다시 시작하겠다는 마음을 먹으면 희망이 생긴다고 말한다. 새로운 출발점에 서서 마음을 다잡고 동료와 하나가 되어 노력하면 반드시 고생한 보람을 느낄 만큼 반가운 일이 찾아온다. 흩어짐의 시기는 현재 상황을 타개하고 만회할 절호의 기회다.

본 괘에는 출세를 향한 단계별 흩어짐에 대한 흥미진진한 조언이 나온다. 성장 단계별로 낮은 순서부터 소개하면 다음과 같다.

1단계 : 힘이 약하고 미숙할 때는 강한 사람에게 도움을 구하라. 그러면 고민을 해결할 수 있다.

2단계 : 유능한 사람에게 더 많은 도움을 구하라. 정신을 흩뜨리지 않고 기초를 견고히 해서 안정시키기 위함이다.

3단계 : 이기심을 떨쳐라. 분골쇄신해 전력투구할 때다. 형식에 얽매이지 마라.

4단계 : 낡은 파벌을 해산시켜라. 그리하면 높은 뜻을 지닌 자들이 새롭게 다가올 것이다. 범인(凡人)의 그릇으로는 더 이상 나아가지 못한다. 넓은 시야와 과감한 행동력이 필요하다.

5단계 : 자신 있게 초지일관하라. 모든 이에게 선언하고 대업에 도전하라. 스스로 땀 흘리는 노력을 게을리하지 않는다면 분명 얻는 것이 있다.

6단계 : 다툼이 자주 일어나는 곳에서 신속히 물러나 안주할 곳을 확보하라.

자신의 의지로 일관되게 노력해 회사 밖에서도 통용될 만한 기술을 갖추었다면 5단계처럼 '마중 온 배에 올라타자!'라는 기세로 겁먹은 마음을 떨쳐버리고 과감하게 도전해야 한다. 그리하면 지금까지 경험해보지 못한 성장을 이루고 새로운 성과도 내게 된다.

   이처럼 출세하기 위해서는 단계별로 새롭게 직면하는 상황을 그때그때 밀어내기만 하는 것이 아니라 당기거나 흩뜨리기도 하는 임기응변의 태도가 필요하다.

운명을 뒤바꿀 질문 44

흩뜨림으로써 잘될 것으로 예상되는 일은 무엇인가?

45 산천대축
山天大畜

크게 축적하는 시기.
자신이 해내야 할 '숙제'가 바로 천직이다.
고로 전력을 다하라는 의미.

개인의 이익보다
사회에 도움이 되는 일을 천직으로 삼아라

성공은 과거의 축적물이 보증한다

본 괘에서는 '축적'의 덕을 설명한다. 축적의 목적은 '대업을 달성하는 일'이다. 따라서 '기반 축적에 힘써라', '실력과 지식을 쌓아라', '밖으로 나가 사회의 거친 풍파에 시달려라' 같은 조언이 나온다.

한편으로는 '개인의 이익보다 사회에 도움이 되는 일을 골라라. 그러다 보면 천직을 찾게 되고 지금까지 쌓아온 능력을 아낌없이 발휘할 수 있다'라는 주의점도 전한다.

일본 야구 대표 팀을 WBC 우승으로 이끈 구리야마 감독의 저서에는 다음과 같은 내용이 실려 있다.

장애물이 있어도 한 걸음씩 앞으로 나아가고 그 과정에서 주변 사람들과 진정성 있게 교류한다. 매사를 삐딱하게 보지 않고 정면에서 똑바로 바라본다. 그렇게 축적한 힘은 언젠가 자신을 반짝이게 하는 빛의 원천이 된다. 자신뿐만 아니라 주변 사람도 밝게 비추는 거대한 빛이 된다.

누군가 단기간에 눈부시게 성장하거나 눈에 띄게 발전한 것처럼 보여도 이는 당사자가 꾸준히 노력하며 쌓아온 힘이 어느 순간 발휘됐을 뿐이라고 생각한다. 잘 풀리지 않던

일, 끝까지 해내지 못하던 일을 맞닥뜨린 순간이야말로 이전보다 더 많이 노력하도록 자신을 채찍질하고자 한다.

— 구리야마 히데키, 『구리야마 노트』

이처럼 성공은 꾸준히 축적된 노력의 산물이다. 자만은 금물이며 주변 사람을 성의 있게 대하고 노력하는 자세의 중요성을 잊어서는 안 된다. 성장 단계별 조언도 있다.

1단계: 아직 때가 무르익지 않았다. 우선 내면의 충실을 기하라.
2단계: 실력이 충분히 쌓였지만 아직은 인내하고 현상 유지에 힘써라.
3단계: 자신의 실력을 더 갈고닦으며 꾸준히 노력하라. 지금 들이는 노력은 분명 훗날 열매를 맺고 꽃으로 피어날 것이다. 윗사람에게도 확실하게 인정받을 것이다.
4단계: 다소 제약이 있더라도 일은 순조롭게 진척될 것이다. 하지만 일을 시작할 때는 꼼꼼하게 주의를 기울여라.
5단계: 실력 있는 사람들이 자신을 따르고자 몰려든다.
6단계: 축적한 힘을 아낌없이 발휘하라. 오랜 염원도 분명 이루어질 것이다. 이렇게 달성한 대업을 방해하고자 하는 자는 아무도 없을 것이다.

출세란 세상에 도움이 되는 일이다. 노력한 일은 분명 성공한다. 혹은 자신이 하늘의 사랑을 받는 사람이기에 겪는 시련이라 생각하고 멋지게 대업을 성공시키길 바란다.

현대사회에는 정답이 없다. 한 명 한 명이 저마다의 현장에서 '자신의 숙제'를 발견하고 노력해야 하는 시대다.

투자자 짐 로저스(Jim Rogers)가 '자기 일을 철저히 하라(Do your homework)'라고 한 것처럼 자신이 해야 할 '숙제'를 발견했다면 바로 그 숙제가 천직임이 틀림없다. 용기를 가지고 꾸준히 노력하되 넓은 시야와 다양한 관점으로 동료를 만들며 당당하게 앞으로 나아가자.

운명을 뒤바꿀 질문 45

당신의 천직은 무엇인가?

6부

욕심을 버리는 자가
부를 얻는다

재물

46

산택손
山澤損

손해를 봄으로써 이득을 얻는 시기.
자신의 몫을 줄여서라도 타인의 몫을
늘릴 생각을 하라는 의미.

**현재의 손실을 미래의 이익으로 만들기 위한
장기적 관점을 가져라**

손해를 두려워하지 않는 삶을 살아라

본 괘에서는 '손(損)'의 덕을 설명한다. 에도 시대의 한 관리가 엮은 자료에는 다음과 같은 글이 있다.

목숨도 필요 없다. 이름도 필요 없다. 벼슬자리, 감투, 재물, 그 무엇도 필요 없다고 말하는 사람은 다루기 어렵다. 그럼에도 이렇게 다루기 어려운 인물이 아니면 함께 고난을 이겨내고 국가의 운명을 건 대업을 완수할 수 없다. 안타깝게도 이러한 인물은 좀처럼 발굴하기 어렵다. 진정한 도리를 행하고 바르게 생활하고자 하는 각오가 필요하기 때문이다.
―『사이고 난슈 유언집』 중 필자 요약

세상을 위해, 사람을 위해 목숨과 이름을 버리고 재물도 욕심내지 않는 삶은 매우 훌륭하다. 하지만 이를 실제로 실행하기 위해서는 용기가 필요하다. '혹시 손해 보는 건 아닐까'라는 걱정이 앞서기 때문이다. 그렇다면 '손'이란 대체 무엇일까? 돈으로 바꾸어 생각하면 이해하기 쉽다.

지폐는 종이와 잉크로만 이루어져 있다. 한낱 종이를 많은 사람이 욕심내는 이유는 경제활동을 통해 다른 것과 교환할 수 있기 때문이다.

즉 돈의 가치란 교환가치다. 더 많은 돈이 있으면 더 큰 가치를 지닌 것과 교환할 수 있다. 따라서 대부분의 사람들이 더 많은 돈을 원한다. 바로 이 부분에 '돈을 욕심내는 일'의 근본적인 문제가 있지 않을까?

정말 원하는 무언가가 있다면 그 자체를 원해야 한다. 하지만 만사 제쳐두고 돈을 원하면 의미가 완전히 달라진다. 원하는 것이 없음에도 욕심내는 '욕심 그 자체'가 동기가 되어버린다. 만약 넘치는 욕심에 남과 비교하며 돈의 손익에 일희일비하기 시작하면 그야말로 끝이 없다.

미국 캘리포니아대학에서 행복을 연구하는 소냐 류보머스키(Sonja Lyubomirsky) 심리학 교수의 말에 따르면 실제로 다양한 국가에서 행복도 관련 조사를 해보면 대부분 '연 수입 600만~800만 엔[1] 수준이 최상'이라 답했다고 한다(『How to be happy』). 즉 일정 수준의 연 수입이 충족되면, 인간은 적당한 행복을 느낀다. 오히려 그 이상의 돈이 있으면 더 욕심을 부려 행복과 멀어지게 된다.

---

1 한화 약 5,460만~7,280만 원.

이해타산은 살아가는 수단일 뿐 인생의 목적이 아니다. 손익만 따져가며 인생을 허비하는 일이야말로 막대한 손실이다. 따라서 이해타산에만 얽매이지 않는 인생을 추구해야 한다. 이러한 삶을 살아가기 위한 열쇠가 여기 있다.

재물만 생각하다가 끝나버리는 인생이 되지 않도록

그렇다면 재산과 손익을 넘어선 인생의 행복이란 과연 무엇일까? 대부분 세상에 태어난 이상 부끄럼 없이 훌륭한 인생을 살고자 할 것이다. 하지만 본받을 만한 행동을 하는 사람은 그 정도가 뛰어날수록 오히려 '본인이 돋보이고자 일부러 하는 행동'이라는 식으로 타인의 질투와 비판에 시달리기 쉽다.

"사위지기자사(士爲知己者死)[2]"

—사마천, 『사기·자객 열전』

---

[2] 선비는 자신을 알아주는 사람을 위해 목숨을 아끼지 않는다.

인생을 마감하기 전까지 자신이 걸어온 인생을 인정해주는 사람 한 명은 만나고 싶어 하기 마련이다. 만약 가능하다면 자신을 인정해준 사람을 돕고 행복하게 해주며, 타인을 위해 힘쓰는 자신의 모습에 만족하며 잠들고 싶을 것이다. 이러한 진리를 『주역』에서는 다음과 같이 말한다.

이익은 의를 따르며 조화를 이루는 것이다.

올바른 일을 거듭하다 보면 좋은 결과를 얻게 된다. 자신이 얻은 몫을 줄여 타인의 몫을 늘려주다 보면 언젠가는 돌고 돌아 자신에게도 그 복이 찾아온다. 본 괘에서는 우리가 하루하루 최선을 다해야 하는 일은 '타인을 이롭게 하기 위해 자신이 조금 손해 보는 일'이라고 전한다.

운명을 뒤바꿀 질문 46

**이해타산을 넘어
소중하게 여기고 싶은 것은 무엇인가?**

47 지풍승 地風升

한 걸음 한 걸음씩 올라가는 시기.
순조로울 때일수록 뒤편에 감춰진
위험을 경계하라는 의미.

급할수록 돌아가라

순조롭게 재물이 쌓여가는 시기에 주의할 점

재산을 늘리고 싶어 하는 사람들이 들으면 다소 불편한 이야기일지도 모르지만 끝까지 들어주었으면 한다. 『주역』은 매사를 '양과 음', 양면으로 바라보고 늘 '뒤편에 존재하는 것'에 주목한다. 결과적으로 장기적 안목을 갖추어 위험을 줄이고 보다 확실한 성과를 내서 오래 유지되도록 한다. 결국 뒤편에서 보았을 때 다각적 분석력을 갖출 필요가 있다는 말이며, 이것이 가능해지는 때가 바로 『주역』을 습득한 순간이다. 이러한 자세가 습관화된 사람에게 『주역』의 교훈은 더 이상 난해하지 않고 '쉬울 이(易)' 그 자체로 다가온다.

본 괘의 '승(升)'[3] 한자는 일본어의 '증가하다(増す)'[4]라는 동사와 발음이 똑같다는 이유로 길하다 해서 평가의 척도, 신사(神事)[5], 선물 등에 사용되며, 중국어로도 '계속해서 올라가다'라는 긍정적인 의미를 지니고 있다. 상형문자로서도 종자가 발아하고 자라는 모습을 표현해 긍정적인 일에

---

[3] 일본어로 '마스'라고 읽음.
[4] 일본어로 '마스'라고 읽음.
[5] 신에게 제사를 지내는 의식.

빗댈 때 자주 사용된다.

- 토대를 다지고 환경을 정비하는 한편, 생명력을 비축하며 대목이 될 때까지 천천히 정성을 다해 키워라.
- 높은 이상을 설정하고 작은 일을 차근차근 쌓아 올리는 끈기 있는 자세를 지녀라.

『주역』에서는 순조로울 때일수록 뒤편에 감춰진 위험을 경계하라는 가르침과 관련해 다양한 충고를 전한다.

- 자신을 앞세우지 말고 윗사람을 공경하며 뜻에 따라 착실히 나아가라.
- 계속 올라가는 시기에는 성의 있는 마음을 잊지 마라.
- 성의를 보이려면 제사, 장식, 선물을 소박하게 하는 편이 신뢰받는다.
- 자신의 위치를 파악하고 과욕을 삼가며 성의 있게 정진하라.
- 성취하기까지 시간이 오래 걸린다고 해서 도중에 포기하면 평생 후회하고 말 것이다.
- 절대 자신만을 위한 이익을 탐하지 마라.

- 생각지 못하게 승진을 하거나 고귀한 자리에 앉게 된다면 주변을 배려하고 도움을 구하라.
- 지나치게 올라가기만 해서 멈출 타이밍을 잡지 못했다고 느끼면 바로 그때가 물러날 때다. 스스로 정리하고 물러나라.

재산이 늘어남에 따라 수반되는 가장 큰 위험은 '자기 욕심이 커지는 것'이다. 많은 것을 얻게 되는 때일수록 자신의 몫을 줄여서라도 타인의 몫을 늘리거나 현재의 몫을 줄여서라도 투자해 미래의 몫을 늘리는 등 성의 있는 태도를 보이는 것이 필요하다.

운명을 뒤바꿀 질문 47

돈으로는 살 수 없는 소중한 것은 무엇인가?

48

산화비
山火賁

허영심을 버리고 내면을 충실히 하는 시기.
가치 없는 허례허식을 버리라는 의미.

재산을 늘리고 싶다면
화려한 겉치레부터 버려라

겉모습만 가꾸지 마라

'비(賁)'는 태양이 산 저편으로 지는 아름다운 황혼의 모습을 나타낸다. 석양빛으로 붉게 물든 산들을 숨죽이고 바라보게 되지만 이는 표면적이고 일시적인 현상으로, 내면적이거나 영원하지 않다는 이면 또한 깨닫게 된다. 본 괘에서는 이와 관련해 다음과 같은 교훈을 전한다.

- 황혼 무렵에는 빛이 흐려져 먼 곳까지 볼 수 없다. 그러므로 마지막까지 신중하게 행동하되 허세를 부리며 큰일을 도모하려 하지 마라.
- 겉모습에 사로잡히기 쉬우므로 내면에 더욱 집중하라.

화려한 겉모습이 사라졌을 때 돌이킬 수 없을 만큼 멀리 가지 않도록 끊임없이 조언한다.

- 발을 꾸미지 마라. 화려한 수레를 이용하지 말고 걸어서 가라.
- 자연스럽게 자란 턱수염 정도는 꾸며도 되나 입이 있기에 턱수염이 존재한다는 사실을 잊지 마라.

- 아름답고 생기 있게 치장한 모습은 보기 좋지만 어디까지나 진심이 담긴 모습이어야 의미가 있다.
- 아름다운 백마가 다가온다. 꾸밈없는 모습이므로 적이 아닌 아군이다.
- 무리해서 꾸미지 않고 충실한 내면을 갖춘 것이 성의 있는 모습이며, 그 모습이야말로 아름답다는 사실을 깨달아라.
- 구두쇠라고 놀림받아도 그런 사람이 마지막에는 신뢰받고 좋은 결과를 낳는다.
- 염색하지 않은 흰 천으로 치장하면 문제없다.
- 아름다움의 극치를 추구했을 때 결국 도달하는 것은 검소하고 꾸밈없는 자연스러운 모습이다.
- 꾸미고자 하는 마음을 버리고 내면에 충실하라. 그러면 진정한 기쁨을 느끼게 될 것이다.

설렘 기준으로 세계적인 성공을 이룬 곤도 마리에

곤도 마리에(近藤麻理恵)는 본 괘의 가르침을 실천한 대표적인 인물이다.

곤도 마리에는 2015년 미국 《타임》지의 '세계에서 가장 영향력 있는 100인'에 선정되어 지금은 세계적인 유명 인사가 된 일본인 정리 컨설턴트이다. 그가 집필한 『곤도 마리에 정리의 힘』은 40개국 이상의 언어로 번역됐으며 누적 판매 1,400만 부를 넘기며 세계적인 베스트셀러가 됐다.

책의 편집자 다카하시 도모히로(高橋朋宏)는 곤도 마리에의 성공 요인은 '곤마리 정리법[6]'이라고 말한다. 방을 정리하고 다시 어지럽히지 않기 위해 '설레지 않는 것은 버린다'라는 '설렘 기준'을 세운 점이 결정적이었다.

재산을 늘리는 일은 상대적인 위험을 줄이고 인생을 충실히 살아가기 위해 필요하다. 다만 여기서 주의해야 할 점은 재산을 늘리는 일 자체를 목적으로 삼고 귀중한 인생을 낭비하지 않는 것이며, 자연스럽게 불어난 재산은 문제가 되지 않는다. 재산이 자연스럽게 늘어나도록 겉치레, 허례허식을 위한 것이나 현재 가치가 없는 것은 과감하게 버린다.

나아가 비즈니스의 기본은 성의와 신뢰 관계다. 따라서 '화려함을 내세워 얻은 것은 화려함을 잃는 순간 함께 사

---

[6] 곤도 마리에가 독자적으로 고안한 5단계 정리법.

라지게' 된다. 바로 이러한 점이 지나친 겉치레의 위험성이며, 화려한 가면이 사라지면 대가를 치르게 된다는 것을 기억해두어야 한다.

운명을 뒤바꿀 질문 48

지금 당신에게 가치가 없는 일은 무엇인가?

49

뇌산소과
雷山小過

자신의 분수를 알고 나아가는 시기.
늘 절도 있게 행동해 천재지변을 겪더라도
인재는 일으키지 말아야 한다는 의미.

과도한 욕심은 리스크가 되니
약간 부족한 정도로 만족하는 것이 좋다

폭리를 취하면 그 대가로 신용을 잃는다

대부분 한 번쯤은 '당했다!'며 뒤늦게 깨닫고 화낸 경험이 있지 않을까? 일회성으로 끝날 협상이라면 흔한 일이라며 참더라도 실제 비즈니스에서 '두 번 다시 볼 일 없는 관계'란 많지 않아서 그냥 넘어가기 어렵다. 협상에서 본인에게만 일방적으로 유리한 조건을 내건 사람은 훗날 '사기꾼', '협잡꾼'이라는 꼬리표가 붙어 결국 그 대가를 고스란히 치르게 된다. 장기적으로 비즈니스를 해나갈 계획이라면 절대 삼가야 하는 행동이다.

한때 일본에서 유명한 부동산 펀드 회사가 있었다. 몇 년 동안은 사업이 번창해 '일본에서 급여가 가장 높은 회사'라며 언론에서도 많이 다루었다. 하지만 지나치게 이익을 탐한 나머지 '상도덕이 없다'라는 악평이 나며 점점 우수한 펀드 상품을 다루지 못하게 됐다. 그럼에도 막대한 자금을 투입해 한 방을 노렸지만 리먼브라더스 사태의 여파로 소유 부동산 가치가 한순간에 급락했다. 끝내 회사 운영 자체가 마비되면서 한탕주의를 꾀한 지 불과 1~2년 만에 도산하고 말았다. 이 실패 사례를 통해서도 알 수 있듯 비즈니스를 지속적으로 운영하기 위해서는 '폭리를 탐하지 않는 자세'가 중요하다.

심리학 용어 중에 '처음에 약간 과도한 수준의 조건을 내걸어 상대방이 그 조건을 상식적인 선이라고 착각하게 만들어야 자신에게 유리한 조건으로 합의하기 쉽다'라는 '앵커링(anchoring)' 협상술이 있다. 하지만 정도를 지나치면 상대방이 '이 사람이 하는 말은 믿을 수 없으니 들을 필요 없다'라고 생각하고 만다. 상대방이 납득할 만한 범위에서 시도하면 의미가 있지만, 상대방이 "왜 이런 가격이 나오죠?"라고 물었을 때 제대로 설명하지 못한다면 장기적 관점에서 득보다 실이 크다.

본 괘의 표제인 '소과(小過)'란 문자 그대로 '조금 지나치다'라는 의미다. 지나친 욕심과 행동은 화를 부르니 자신의 분수를 알고 행동하는 자세가 중요하다.

한편 약간 과한 행동이 허용될 때도 있다. 장례식에서 슬픈 감정을 억누르지 않고 그대로 표출한다거나 존경하는 사람에게 조금 과하게 예를 차린다거나 일상에서 허리띠를 졸라맬 정도로 검소한 생활을 하는 등 성의를 표하는 상황이라면 약간 과한 느낌이 들 정도로 행동해도 된다. 상대방과 화해할 때도 약간 과한 애정과 배려가 느껴지도록 겸손하게 대하면 좋다.

재앙에는 천재지변과 인재가 있다. 천재지변은 피할 수 없지만 인재는 어느 정도 피할 수 있다. 천재지변으로 혼란에 빠진 나머지 경거망동하는 일, 타인의 의견을 귀담아듣지 않고 독단적으로 부주의한 행동을 하다가 덫이나 함정에 빠져버리는 일 모두 인재에 속한다. 인재를 피하려면 의식적으로 주의를 기울여야 한다.

돈을 불릴 때도 절도 있는 자세가 중요하다. 사양, 겸손, 예의 같은 긍정적 태도는 약간 과할 정도가 좋으나 무엇이든 정도가 지나치면 역효과가 나기 십상이다. 『주역』에서는 '자신의 분수를 알고 절도를 지켜라'라는 말을 몇 번이고 강조한다.

운명을 뒤바꿀 질문 49

자신도 모르게 과하게 행동하는 일이 있는가?

뇌화풍
雷火豐

풍족하고 화려한 시기.
전성기에는 자만하지 말고 미래에 대비해
내면의 충실을 기하라는 의미.

정점을 깨닫고
미래에 대비하는 사람이 오래간다

운이 최고조에 달했을 때 주의하라

본 괘에서는 풍족하고 화려한 시기일수록 '달도 차면 기운다'라는 자연의 섭리를 늘 염두에 두고 미래에 대비하며 내면의 충실을 기해야 한다고 말한다.

갑자기 늘어난 것은 갑자기 줄어들기 마련이다. 전성기일수록 미래에 대비해야 한다. 자기 과신에 빠지기 쉬운 시기이기도 하므로 늘 겸손함을 잊어서는 안 된다. 축하 모임을 열거나 집들이 등을 하면 타인의 질투를 사기 쉽고, 믿었던 동료가 욕심을 부려 배신할 수도 있는 시기다.

좋은 때일수록 미래를 준비하고 내면의 충실을 기해야 한다. '겉모습만 그럴싸해 보일 뿐 내면은 볼품없다'라고 평가받는다면 허무하기 짝이 없을 것이다. 본 괘에서는 풍족함을 다루는 만큼 대조적으로 본문은 가볍게 살피고 마무리하고자 한다.

운명을 뒤바꿀 질문 50

일이 잘 풀리는 시기일수록 주의할 점은 무엇인가?

---

50 | 뇌화풍 雷火豐

51

풍뢰익
風雷益

**일생일대의 기회가 찾아오는 시기.
상대방에게 베풀면 결국 자신도 얻게 되므로
홀로 독차지해서는 안 된다는 의미.**

재산이 늘었을 때는 독차지하지 말고
다 함께 축하하며 베풀어라

베풂으로써 얻는 것

자신의 의견이나 주장을 밀어붙이지 않고 상대방과 생각을 절충하는 일을 '양보'라고 한다. 자동차 딜러는 이러한 '양보'를 능숙하게 구사해 차를 판매한다고 한다.

"이 이상 할인해드리기는 어렵습니다. 대신 옵션 상품을 드릴게요."
"오늘 계약하시면 무료로 보험까지 들어드립니다."

'손해를 봄으로써 이득을 얻는' 전략 자체로 자기 몫을 독점하지 않고 상대방에게 나눠주면 결국 본인에게도 득이 된다. 축하 또한 여럿이 하면 좋다. 그렇게 성의 있는 마음이 상대방에게 전해지면 소중한 신뢰 관계를 구축하게 된다.

그리고 기회를 잡으면 과감히 중요한 일에 도전해야 한다. 그때 지금까지 자신이 쌓아온 신뢰 관계가 힘을 발휘해 예상치 못한 도움을 받게 될지도 모른다.

곤경에 처하더라도 자신을 갈고닦을 기회라 생각하며 극복해야 한다. 바로 이 곤경이 자신을 일류 지도자로 성장시킬 수라장 경험이다. 이때 흔들림 없이 도전하는 모습을 보이면 윗사람에게 인정받을 기회가 되기도 한다.

성심성의껏 행하면 크나큰 희망이 이루어지므로 늘 타인과의 화합을 중시해야 한다. 반대로 공생과 공영이 필요할 때 사리사욕에 눈이 멀어 남에게 원한을 사고 신랄한 비난을 들으면 사람들에게 외면당하며 모두 잃게 된다.

장기적으로 재산을 늘리기 위한 대원칙은 '상대방의 몫을 늘려 긍정적 흐름을 만듦으로써 자신의 몫을 늘리는 일로 이어가는 것'이다. 물론 재산이란 물건이나 돈만 의미하는 것은 아니다. 상대방의 부담을 덜어주거나 상대방을 기쁘게 하는 등 성심성의껏 음덕을 쌓는 태도가 가장 중요하다.

운명을 뒤바꿀 질문 51

모두 함께 나눠야 하는 수확은 무엇인가?

7부

**깊이 뿌리 내린 거목은
폭풍을 이긴다**

위기

52

천택리
天澤履

**호랑이 꼬리를 밟은 상황처럼 위험한 시기.
위기에 처하더라도 의를 관철하면
극복할 수 있다는 의미.**

사후 조치보다 사전 조치,
위기를 예상하고 주도면밀하게 준비하라

위험을 마주했을 때 해야 할 일

위기를 상징하는 표현 중 '호랑이 꼬리를 밟다'라는 말이 있는데, 이는 천택리에서 나온 것이다. 본 괘에서는 위기에 처했을 때 가져야 할 마음가짐을 설명한다.

- 개과천선(改過遷善)하라.
- 어떤 상황에서든 예의를 지키고 당당하게 사람의 도리를 다하라.
- 자신을 앞세우지 말고 선배와 상사의 의견을 따르며 나아가라.
- 할 수 없는 일, 모르는 일은 솔직하게 인정하라. 신중한 태도를 관철하라.

굳은 의지를 보여준 호레키(宝暦)[1] 치수 사건

설령 호랑이 꼬리를 밟은 듯 위험한 상황에 맞닥뜨리더라도 진정성을 잃지 말고 행동해야 한다. 일본에서도 이와

---

1 에도 시대의 일본 연호 중 하나.

관련해 모범이 될 만한 위업이 있어 소개하고자 한다.

메이지유신이 일어나기 약 100년 전 지금의 아이치현과 기후현에 걸쳐 있는 기소 삼강, 즉 기소가와(木曽川)·나가라가와(長良川)·이비가와(揖斐川) 유역은 '잦은 범람'으로 악명이 높았는데, 매년 기소의 여러 산에서 눈이 녹으며 불어난 물로 인근 마을이 큰 피해를 봤기 때문이다.

일찍부터 막부의 경계 대상이었던 사쓰마번은 이러한 '기소 삼강 분류 공사'를 명받으며 '호랑이 꼬리를 밟은' 듯한 위기에 처한다. 당시 사쓰마번은 이러한 대규모 공사를 부담할 만한 상황이 아니었을 뿐만 아니라 당시 기술로는 도무지 엄두가 나지 않는 공사였다.

명백한 '괴롭힘'에 사쓰마번에서는 '막부와 일전도 불사하겠다'는 반발까지 나왔지만, 공사 지휘를 자진해서 떠맡은 재정 담당자 히라타 유키에(平田靱負, 1704~1755년) 장로는 사쓰마번의 존속을 호소하며 마을 사람들을 진정시키고 차분히 준비해 머나먼 부임지로 떠났다. 그러고 나서는 막부가 펼친 공사 방해 공작으로 상상을 초월하는 고난을 겪는다.

사쓰마번 무사가 947명이나 투입된 이 공사는 장장 2년에 걸쳐 마무리됐다. 하지만 그중 157명이 병으로 쓰러졌고 33명이 병사했으며, 51명에 달하는 무사가 자살한 것으로 전해진다. 예산도 초기 예상을 크게 벗어나 차입을 거듭해야 했다. 히라타는 대규모 공사가 완성되는 모습을 마지막까지 지켜본 후 모든 책임을 지고 그 지역에서 할복했다. 고향을 그리는 유언을 남긴 채 두 번 다시 사쓰마 땅을 밟지 못한 것이다.

히라타의 처절한 헌신과 추가 공사 끝에 기소 삼강 유역의 인근 마을들은 수해에서 해방됐고, 사쓰마번도 해체 위기에서 벗어났다. 그야말로 본 괘를 몸소 실천한 사례라고 할 수 있다.

와신상담하며 보란 듯이 위기를 극복한 사쓰마번의 막부를 향한 증오심은 100년 후 메이지유신, 즉 '사쓰마번의 막부 타도'라는 역사적 사실로 이어진다.

한편 치수 공사의 혜택을 입은 지역 중에는 '다카스(高須)'도 있는데, 29 '화뢰서합'에서 소개한 '막부 말의 퍼실리테이터' 도쿠가와 요시카쓰의 본가가 다카스번이라는 점을 생각하면 놀라운 인연이 아닐 수 없다.

위기 대비는 '사후 조치보다 사전 조치'라는 마음가짐으로 주도면밀하게 해야 한다. 그리고 위기에 처했을 때는 준비한 약속을 침착하고 확실하게 수행할 수 있도록 늘 명심해야 한다.

운명을 뒤바꿀 질문 52

위기에 대비하기 위해 가장 먼저 할 일은 무엇인가?

53

진위뢰
震爲雷

**천둥이 치듯 큰 소동이 일어나는 시기.
천재지변과 인재를 나누어 다루되,
인재는 최대한 피하라는 의미.**

천재지변은 피할 수 없지만
그 뒤에 찾아올 인재는 방지할 수 있다

자신의 목숨은 스스로 책임지고 지켜라

본 괘도 위기를 나타내는 만큼 '진(震)'과 '뢰(雷)'가 쓰였다. '진'의 위기라 하면 2011년 발생한 동일본 대지진으로 입은 막대한 피해를 언급하지 않을 수 없다. 필자가 피해 지역에 지원을 나갔을 때 느낀 점은 인간은 천재지변의 압도적인 파괴력 앞에 너무나도 무력하다는 사실이었다.

특히 현지 주민이 보여준, 낡은 비석에 쓰인 '이 밑으로는 집을 짓지 마시오'라는 문구가 아직도 눈에 생생하다. 비석을 세운 시기는 1933년이다. 1896년과 1933년, 두 번의 지진과 쓰나미 피해를 겪은 후 교훈으로 삼고자 새긴 문구였다. 실제로 그 비석 아래쪽에 있던 집들은 하나같이 흔적도 없이 쓰나미에 휩쓸려 사라졌다. 선조가 남긴 교훈을 알면서도 외면했다며 비통해하는 현지 주민에게 어떠한 위로의 말도 건넬 수 없었다.

이 지역에는 '쓰나미 발생 시 각자 피신'이라고 쓰인 유명한 비석이 또 하나 있다. 이 말은 얼핏 매정해 보이지만, 쓰나미가 발생하면 '각자 뿔뿔이 흩어져 서둘러 높은 곳으로 피신하라'라는 의미로 자신의 목숨은 스스로 책임지고 지키라는 교훈을 담고 있다. 실제로 가마이시히가시(釜

石東) 중학교에서는 학생들이 이 교훈을 기억하고 주체적으로 움직여 전원이 목숨을 부지한 기적이 발생했고, 이를 계기로 '쓰나미 발생 시 각자 피신'이라는 문구가 재조명받았다.

과거를 반성하는 이유는 미래의 교훈으로 삼기 위함이다

과거를 반성하는 일을 통해 얻은 교훈은 미래로 이어가야 한다. 교훈은 다음 세대까지 전해져야 한다. 우선 중요한 사실은 천재지변 자체는 막을 도리가 없다는 것이다. 하지만 그 뒤에 찾아올 인재는 무슨 일이 있어도 막아야만 한다. 본 괘에서는 이를 실천하기 위한 두 가지 방법을 제시한다.

- 막을 방법이 있는 천재지변은 사전에 대비를 게을리하지 마라.
- 막을 도리가 없는 천재지변이 발생했을 때는 냉정하고 침착하게 행동하라.

당연히 두 가지 모두 간단한 일이 아니다. 앞에서 언급한 지진 재해만 해도 지진 여파로 쓰나미 발생이 예상될 때 '쓰나미 발생 시 각자 피신'이라는 교훈을 살려 목숨을 건진 중학생들이 있는 한편, 피하지 않고 대기하다가 큰 피해를 본 학교도 있었다. 또 유사시에 대비해 비석 아래쪽에 집을 짓지 않은 사람도 있었다. 용의주도하게 사전 준비를 하고 현장에서 이성적으로 행동할 수 있도록 늘 과거의 교훈을 명심해야 한다.

'소리만 요란할 뿐 실속 없음'이라는 말이 있다. 본 괘의 다른 키워드인 '뢰'를 두려워하는 사람을 놀리는 말이다. 천둥소리에 놀라 이성을 잃고 경거망동해 주변 사람까지 혼란에 빠뜨리는 행동은 훗날 돌아보면 부끄럽기 짝이 없는 일이다.

필자는 회사 선배이자 존경하는 리더에게 배운 교훈을 지금도 마음속에 새기고 있다.

'프로라면 신중하되 겁쟁이가 되어서는 안 된다.'

평소에 아무리 번지르르한 말을 늘어놓던 사람도 위기

에 대비하는 자세나 위기 시 취하는 행동에서 본성이 드러난다. 특히 리더나 지도자, 교사, 부모처럼 대인의 위치에 있다면 더욱 명확하게 나타난다. 위급한 상황이 닥쳤을 때 당당한 태도로 맞설 수 있도록 평소에 꼼꼼히 유사시에 대비해야 한다. 지도자라면 남들보다 두 배 이상의 노력이 필요하다.

운명을 뒤바꿀 질문 53

**위기나 문제가 발생했을 때
가장 먼저 취해야 할 행동은 무엇인가?**

54

뇌천대장
雷天大壯

지금 즉시 속도를 줄여야 하는 시기.
잘 풀릴 때 완급을 조절하는 것이야말로
리더의 역할이라는 의미.

**기대 이상의 성과가 나왔을 때는
액셀이 아닌 브레이크를 밟아라**

흑자도산에서 배우는 리더의 역할

'흑자도산'이라는 비극적인 말이 있다. 분명 이익이 나고 있음에도 도산하는 기업, 얼핏 이해가 가지 않지만 주식회사 도쿄상공리서치의 조사 결과에 따르면 실제로 2020년에 도산한 7,773개의 기업 중 흑자도산한 기업의 비율은 46.8%로 전체의 절반 정도에 달하는 것으로 나타났다. 물론 각 기업마다 원인은 다양하겠지만 이러한 비극을 부르는 전형적 메커니즘을 살펴보면 다음과 같은 양상이 나타난다.

매출이 호조를 보이며 사업이 잘 풀린다. 고생 끝에 출시한 상품인 만큼 시장 반응이 좋으면 더할 나위 없다. 승진도 기대되고 직원들의 사기도 높아진다. 하지만 리더는 성장 속도가 지나치게 빠를 때 브레이크를 밟을 줄 알아야 한다. 다수가 반대하며 원망하더라도 결단을 내려야 한다. '호사다마'를 기억해야 하는 것이다.

매출이 늘면 미처 살피지 못하는 부분도 많아진다. 상품 가짓수는 늘었어도 직원 수는 그대로라면 당연히 실수가 발생한다. 매입 실수, 배송 실수, 심지어 매입 기일을 못 맞추는 일까지 발생한다.

매출 대금이 들어오기 전에 매입 대금을 먼저 지급하면 일단 매입 대금을 맞추기 어려워진다. 그 와중에 직원들의 급여일은 꼬박꼬박 돌아온다. 이렇게 리더가 절도를 잃고 무분별하게 경영하는 회사는 자금 조달 속도가 매출 증가 속도를 따라오지 못하면서 흑자도산을 맞게 된다.

대기업의 대대적 성공과 파산에서 얻는 교훈

이러한 비극은 대기업이라고 해서 절대 예외는 아니다. 과거 일본의 일부 기업은 제1차 세계대전 특수를 누리며 크게 발전했다. 그러나 제1차 세계대전이 끝나면서 주가, 공업 제품 가격, 선박 운임이 일제히 하락했고, 자금을 조달하기 힘들어진 기업들은 차례차례 사업을 접을 수밖에 없었다.

이때 경영자는 지나친 매출 급증으로 매입 대금 지급 불능 상태에 빠지기 전에 브레이크를 밟아야 한다. 직원들의 급여는 제대로 지급하면서 향후 자금 조달을 철저히 준비해야 한다.

넓고 높은 곳에서 부감하는 '새의 눈'으로 냉정하게 판단을 내릴 수 있는 사람이 리더다. 평소 절도 있는 자세를 유지하며 전환점을 맞이했을 때 확실히 되돌아보면서 꼼꼼하게 준비해야 한다. 위기에 철저하게 대비하는 리더만이 장기적으로 회사와 팀을 크게 성장시킬 수 있다.

운명을 뒤바꿀 질문 54

**기대 이상의 성과가 나왔을 때
어떤 마음가짐이 필요한가?**

55

산지박
山地剝

붕괴 직전의 위험한 시기.
리더라면 변화의 조짐을 읽고
훗날을 도모하라는 의미.

일이 궁지에 몰리면 불필요한 것을
과감히 버리고 재기를 노려라

절체절명의 위기를 이기는 긍정의 힘

본 괘에서는 '벗길 박(剝)' 자처럼 난제가 산적해 있고 밑에서 반기를 들고 일어나 윗사람을 끌어내리려고 하는 위기를 설명한다.

『주역』에는 왕의 침소에 있는 침대 다리가 떨어져나가 금방이라도 침대가 무너질 듯 휘청대는 상황에 빗댄 이야기가 나온다.

그리고 소인과 대인의 운명이 갈린다. 소인은 침소와 함께 거처를 잃을 뿐이지만, 대인에게는 '큰 결실'이 남는다. 당당하게 살아가고자 하는 대인에게 남는 큰 결실이란 무엇일까?

소냐 류보머스키 심리학 교수의 말에 따르면 행복한 사람의 무기는 '곤란한 상황에 처했을 때 대처하는 태도와 강인함'이라고 한다. 행복한 사람에게는 행복하지 않다고 느끼는 사람이 '위협'이라고 생각하는 일을 '도전' 등 긍정적인 일로 받아들이는 힘이 있다.

앞에 언급한 수라장 경험과 마찬가지로 고난이 괴롭다고 도망치는 사람과 고난이야말로 자신을 성장시킬 기회라고 받아들이며 적극적으로 도전하는 사람의 인생은 백팔십도 달라진다.

> "성공은 늘 고심했던 날로부터 탄생하며, 실패는 순조로운 시기에 방심함으로써 발생한다."
> —야스오카 마사히로(安岡正篤)[2]

위기에 대비한다는 말은 변화의 조짐을 예리하게 읽어내고 세심한 주의를 기울이며 준비를 게을리하지 않는다는 의미다.

상황이 여의치 않다면 무리하지 말고, 실책을 범해 신뢰를 잃었다면 진심으로 반성하며 불필요한 부분을 확실히 버리고 재기를 도모해야 한다. 그렇게 거듭해서 도전하는 사람에게는 분명 좋은 날이 찾아온다.

위기를 맞았을 때 허둥지둥하는 것은 아무 의미 없다. 필요할 때는 딱 잘라 결단을 내릴 수 있어야 함을 명심해야 한다.

훌륭한 리더나 지도자에게 남는 '큰 결실'은 위기 조짐

---

[2] 일본의 철학자이자 교육자.

에서 발견한 희망과 이를 발견할 수 있을 만큼 성장한 자신의 모습이다.

운명을 뒤바꿀 질문 55

**절체절명의 위기를 예상해
지금 준비해야 할 일은 무엇인가?**

56

천수송
天水訟

소송과 다툼이 잦은 시기.
이기심을 버리고 역지사지(易地思之)의 마음을
기억하라는 의미.

문제가 발생했을 때는
상대방의 분노를 그대로 받아들여라

대립이 발생했을 때 차분히 생각하라

'송(訟)'은 소송을 의미한다. 본 괘에서는 격한 대립과 갈등의 위기를 설명한다. 이러한 시기에 서로 자기 의견만 내세우며 대립하면 합의점을 찾기 어렵다. 한사코 자신의 주장만 우기면 부정적 결과를 불러올 수도 있다. 따라서 자신이 먼저 굽히고 화해를 권하는 자세를 취하는 것이 현명하다. 다음 조언을 참고해 완고한 방식에서 벗어나 제삼자와 논의하는 등 문제와 상황을 객관적으로 바라보면서 차분하게 대처해나가자.

- 초기 단계라면 앞날을 생각해 사소한 일에 집착하지 말고 논쟁을 피하는 편이 슬기롭다.
- 소송에는 당해낼 재간이 없으니 일단 물러나라. 승산이 없음에도 오기로 불만을 토로해서는 안 된다. 자신의 본업으로 돌아가 윗사람의 조언에 따라라.
- 논쟁을 멈추고 직장으로 돌아가라. 평범하더라도 지금까지 꾸준히 해온 일이 가장 좋은 법이다.
- 실력을 갖춰 정의를 위해 싸운다면 승리할 수 있다.
- 하늘의 뜻을 거스르고 잔꾀를 부려 일시적으로 승리한다

해도 결국에는 신용과 인망 모두 잃고 만다.

소냐 류보머스키는 "감사 편지를 써서 상대방에게 건네지 않아도 쓰는 행위 자체로 행복도가 상당히 올라간다"라고 말한다. 감사란 현재 누리는 행복을 당연하게 여기지 않고 누군가의 덕분에 얻는 것이라고 생각하는 마음이다.

"마음은 자신만이 머무는 곳이다. 그 안에서는 스스로 지옥에서 천국을 만들기도, 천국에서 지옥을 만들기도 한다."
— 존 밀턴(John Milton), 『실낙원』

위기에 대비할 때 가장 큰 위험은 이기심이나 공명심, 정복욕 등 자신의 내면에 존재하는 욕망이다.

운명을 뒤바꿀 질문 56

**갈등을 피하기 위해서는
어떠한 마음가짐이 필요한가?**

57

뇌수해
雷水解

봄이 찾아오며 두꺼운 얼음이 녹는 시기.
사라져가는 토대를 아쉬워하지 말고
새로운 지반을 확립하라는 의미.

침몰하기 시작한 배에서는
신속히 내려라

새봄이 찾아오면 과감하게 결단 내려라

본 괘의 '해(解)'는 '녹다', '느슨해지다'라는 위기를 설명한다. 눈이 녹고 봄이 찾아오는 일은 반갑지만, 한편으로는 지금까지 견고히 자리 잡고 있던 얼음 토대도 녹기 시작한다. 변화의 조짐을 확실히 포착해 속전속결로 새로운 토대로 옮겨 가야 한다. 우물쭈물하다가는 모처럼 찾아온 변혁의 기회를 놓쳐버릴지도 모른다.

그동안 곤란을 겪던 사람은 고민거리가 해결되어 힘든 시기에서 벗어날 기미가 보이면 즉시 대책을 세워야 한다. 한편 그동안 순조롭게 일이 풀렸다면 계약이나 혼담 등에 문제가 생기거나 직장에서 해고될 수도 있다. 아니면 긴장이 너무 풀린 나머지 나태한 생활에 빠질지도 모른다. 결국 방심은 금물이다. 눈이 녹듯 변화가 찾아오는 전환점에서는 아무쪼록 심기일전해야 한다. 과감하게 위험을 무릅쓰고 새로운 사고방식으로 매사에 임해야 한다.

막부 말 운명을 가른 결단

막부 말의 위인들도 변혁의 결단 여부에 따라 운명이 갈렸다.

사카모토 료마(坂本龍馬)는 '더 이상 번에 얽매이는 시대는 지났다'라며 목숨을 걸고 도사번을 떠났다. 사카모토 료마의 결단은 가이엔타이(海援隊)[3] 결성으로 이어지며 자유로운 상사 활동을 할 수 있는 기반을 마련했고, 삿초 동맹 결성에도 공헌하는 등 큰 변화를 가져왔다.

오와리번의 도쿠가와 요시카쓰 또한 번과 막부, 어느 쪽에도 치우치지 않았다. 앞에서 언급한 것처럼 무엇보다 일본의 존속을 우선시한 덕분에 조슈번은 살아남을 수 있었고, 에도무혈개성을 성공시킴으로써 일본에 치명상을 줄 뻔한 내전을 피할 수 있었다. 신정부가 쇼군인 도쿠가와 요시노부에게 '사관납지(辞官納地)[4]'를 요구했을 때도 요시카쓰가 중재자로 나서서 오와리번을 내준다는 제안까지 해가며 설득했다고 한다. 그뿐 아니라 요시카쓰는 옛 오와리 지역이자 현 나고야시의 자랑인 나고야성 덴슈카쿠(天守

---

[3] 탈번 무사로 구성된 일본 최초의 근대 해군 조직이자 무역 회사.
[4] '사관'은 요시노부의 관직 반환, '납지'는 도쿠가와계의 영토를 조정에 반환하라는 의미.

閣)에 있는 금 샤치호코(鯱)[5]를 제작하는 과정에서 자금 부족에 시달리던 신정부에 앞장서서 자금을 대주기도 했다. 샤치호코는 유시마(湯島)성당박람회를 비롯해 바다 건너 오스트리아의 빈 만국박람회에도 전시되며 호평받았다.

인생에서 대비해야 할 최대 위기는 자신의 은퇴 시기를 결정하는 것일지도 모른다.

---

[5] 몸은 물고기, 머리는 호랑이 형상인 상상 속 동물.

운명을 뒤바꿀 질문 57

좀처럼 미련을 버리지 못하는 일은 무엇인가?

58

수산건
水山蹇

한겨울 산속에서 조난한 상황과도 같은 시기.
무작정 도망치려 하지 말고
희망을 찾으라는 의미.
'4대 난괘' 중 하나.

옴짝달싹하지 못하는 상황이라면
일단 멈춰서 아군을 찾아라

천재지변에 냉정을 잃으면 더 큰 인재를 낳는다

한자 '건(蹇)'은 문자 그대로 혹독한 추위에 발이 묶여 움직이지 못하는 위기를 가리킨다. 함부로 움직였다가는 위험에 노출되기 십상인 만큼 나아갈 엄두를 내지 못하는 시기다. 본 괘에서는 이에 관련해 다음과 같이 조언한다.

- 지금은 멈추어 반성하고 때가 올 때까지 오롯이 덕을 쌓아라.
- 겸허히 받아들이고 윗사람의 의견에 따라라.
- 본분을 지키며 내실을 다지고 물러나서 동료들과 협력하라.
- 유력한 조력자나 전문가와 상담한 후 일에 임하라.

위기 상황에서 결단을 내리는 일이 얼마나 중요한지 교훈으로 삼을 만한 실화가 일본에도 있다. 닛타 지로(新田次郞)의 소설 『핫코다산 죽음의 방황(八甲田山死の彷徨)』과 영화로도 제작되며 유명해진 조난 사건이다. 소설과 영화에서는 1902년 혹한 지역에서 전투 예행 훈련을 위해 눈길을 뚫고 행군하던 일본 육군 210명 가운데 199명이 사망한 사건을 그린다.

같은 시기에 행군한 또 하나의 부대가 있었는데, 해당

부대는 전원이 무사히 귀환했다는 내용이다. 『주역』의 충고와 관련된 실패 요인을 꼽자면 다음과 같다.

- 눈보라 속 시야도 확보되지 않은 상태에서 무모하게 훈련을 강행함으로써 체력을 소모해버린 점
- 혼란에 빠지면서 의견이 수렴되지 않아 뿔뿔이 흩어져 행동한 점
- 해당 지리에 밝은 안내자를 고용하지 않았고 사전 준비 때도 지역 주민에게 조언을 구하지 않은 점

마지막 내용처럼 왜 조언을 구하지 않았는지 이해하기 어렵지만, 만약 당시 군인들의 자존심 때문에 잘못된 판단을 내렸다면 안타까울 뿐이다. 32 '지택림'에서 소개한, 피레네산맥 지도를 알프스산맥 지도라고 믿고 생환한 부대와 비교해도 생각할 점이 많다.

다시 말해 이 사건은 천재지변이라는 위기에서 이성적 판단이 결여되어 발생한 인재 측면이 크다고 볼 수 있으며 리더 또한 책임에서 자유롭지 못하다.

어려운 상황에 맞닥뜨렸을 때 섣부른 판단으로 궤변을

늘어놓기보다 자연과 세상으로부터 '현실적인 깨달음'을 얻는 일이 중요하다. 깨달음을 얻은 후에는 실제로 헌신해야 한다는 점 또한 잊지 말아야 한다.

운명을 뒤바꿀 질문 58

**옴짝달싹하지 못할 만큼 어려운 상황에서
냉정함을 찾기 위해서는 어떻게 해야 하는가?**

59

화택규
火澤睽

불화와 갈등이 잦은 시기.
대립은 괴로우나 반드시 나쁜 결과만
초래하는 것은 아니라는 의미.

상대방과 갈등을 겪을 때
본심에 귀 기울이면 화해의 실마리가 보인다

중재의 목표는 타협이 아니다

'규(睽)'는 작은 대립이 발생하는 위기를 의미한다. 집안이라면 고부 갈등, 회사라면 파벌 대립 등이 대표적이다. 의견 충돌이 잦고 일이 뜻대로 진행되지 않는 상태다.

이러한 시기에는 큰일을 벌이기보다 내면에 집중하고, 대립이 다소 진정됐을 때 대처에 나서 조화를 이루고자 화해안을 마련하는 자세가 중요하다. 『주역』에서는 다음과 같이 조언한다.

- 한번 등졌던 자도 다시 돌아오게 되어 있다. 떠나는 자는 잡지 말고 그대로 두어라.
- 악인이 마음에 들지 않는다고 멀리하면 손해다. 넓은 아량으로 만나면 문제없다.
- 생각지도 못한 곳에서 해결책을 발견할 수 있다. 보이지 않는 곳에서 답을 찾을 수도 있으니 늘 경청하라.
- 주변의 오해를 사 누명을 쓰고 심하게 고생하는 시기도 있겠지만 개의치 마라.
- 고립되더라도 선량한 사람을 만난다면 참된 교류를 하게 된다.

- 다툼이 있더라도 온화한 태도를 관철하라. 마지막에는 분명 화해할 수 있다.
- 의심이 의심을 낳는 상황에 놓이더라도 어디까지나 오해일 뿐이다. 서로 과거는 문제 삼지 마라.

대립은 무조건 나쁘기만 한 것이 아니다. 헤겔의 변증법처럼 정론(테제)에 대한 반론(안티테제)은 대립을 '새의 눈'과 같은 고차원적 시점에서 부감함으로써 '합론(진테제)'이라는 완전히 새로운 생각으로 발전할 가능성이 있다. 혁신 또한 이렇게 탄생한다. 필자의 회사에서도 그림 12처럼 자타 관계를 부감해가며 '협조'를 목표로 삼아 대립을 중재한다.

그림 12의 상단 표시처럼 처음에는 '자신이 ○이고 상대방이 ×, 또는 상대방이 ○이고 자신이 ×'라고만 생각하기 때문에 그림이 직선 대립으로만 나타나기 쉽다. 여기서 발상을 달리해 대립 관계의 직선을 직각으로 구부려 하단처럼 2개의 축과 4개의 면으로 나타낸다.

하단에는 축이 2개로 늘어나 상하가 '자신이 ○인지, ×인지'를 나타내고 좌우가 '상대방이 ○인지, ×인지'를 나타

<u>그림 12</u> **중재의 목표**

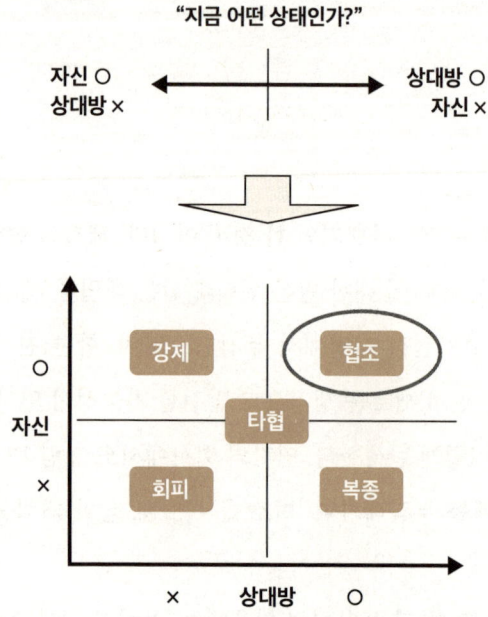

내면서 선택지가 2×2, 즉 4개로 늘어난다. 이를 통해 '자신이 ○이고 상대방도 ○'인 서로 윈윈(win-win)하는 새로운 목표(우측 상단), 즉 '협조'를 도출하게 된다.

이처럼 대립, 위기, 고생이 반드시 나쁜 것만은 아니다. 대립은 화해할 기회를 만들어 더 끈끈한 유대감을 형성하게 해준다. 위기 상황에서는 모두 일치단결해 해결책을 궁리하다가 새로운 아이디어가 탄생하기도 한다. 수라장을 경험하면서 겪는 괴로움은 훌륭한 리더로 거듭나기 위한 성장통이기도 하다.

"어머니는 단순히 '좋은 어머니'에 그쳐서는 안 되며, 스스로 행복한 사람이어야 한다."
— 에리히 프롬(Erich Fromm)

설령 타인이 보았을 때는 힘겨운 상황일지라도 진통의 고통 속에서 행복한 출산을 그리는 '행복한 어머니'처럼 긍정적이고 창조적인 발상을 한다면 위기를 역으로 활용해 새로운 혁신을 이룰 수 있다.

운명을 뒤바꿀 질문 59

타인과 의견이 충돌할 때 어떻게 행동하는가?

지수사
地水師

**훌륭한 지도자와 함께 전쟁에 임하는 시기.
다툼과 갈등을 겪을 때는 원리,
원칙을 명심하라는 의미.**

팀에서 갈등이 생겼을 때는
다 같이 정해진 규칙을 떠올려라

피할 수 없는 전쟁에서 승리하는 방법

'사(師)'란 싸움이라는 의미로 전쟁의 위기를 뜻한다.

병법서로 유명한 『손자병법』이 사실 '부전(不戰)을 강조하는 책'이라는 사실을 알고 있는가? '백전백승이 반드시 좋은 것은 아니다', '싸우지 않고 이겨라', '분노는 결국 사라진다. 하지만 목숨을 잃은 자들은 두 번 다시 돌아오지 못한다' 같은 명언이 담겨 있다. 전쟁은 함부로 일으켜서는 안 되며 가능한 한 피해야 한다고 역설한다. 하지만 그럼에도 전쟁을 벌여야 할 때는 무슨 일이 있어도 이겨야 한다. 그럴 때 승리하는 방법을 고안해낸 것이 바로 『손자병법』이다. 본 괘에서는 전쟁에 임할 때 명심해야 할 점을 다음과 같이 설명한다.

- 가장 먼저 집단을 동원하는 대의명분을 설명할 수 있고 집단을 통솔할 수 있는 뛰어난 지도자가 필요하다.
- 전쟁 시에는 규율을 제일 중요하게 여겨야 한다. 규율을 지키지 못하면 결과는 흉일 뿐이다.
- 유능한 사령관이 중심에 있다면 문제없다. 왕의 신뢰와 추대받은 자리를 기반으로 삼아 능력을 크게 발휘할 것이다.

- 판단이 모호하고 실력도 부족한 사령관이 지휘한다면 패배할 것은 불 보듯 뻔하다. 주의를 기울이며 준비하라.
- 퇴각도 엄연한 전법이다. 한발 물러나 상황을 가만히 관망하는 것이 중요할 때도 있다.
- 농경지를 어지럽히는 도적 등 방해하는 자가 많을 때는 우수한 참모를 발탁해 대책을 마련하라.
- 전후 논공행상에서는 설령 공적을 세웠다 할지라도 소인을 등용해서는 안 된다. 책임자 자리에 앉힐 인물은 공적 여부와 별도로 엄선해야 한다.

과연 『주역』은 '리더의 진퇴를 논하는 서'라고 불릴 만큼 지도자의 관점을 중심축으로 삼고 있다. 큰 위기에 대비하는 일이야말로 리더가 존재하는 의의라고 할 수 있다.

운명을 뒤바꿀 질문 60

자신이 중요시하는 원리, 원칙은 무엇인가?

61

천지비
天地否

상사와 부하의 갈등이 끊이지 않는 시기.
리더십을 발휘해 확실한 태도로
중재하라는 의미.

상사와 부하의 손발이 맞지 않을 때는
먼저 나서서 중재하라

심리적 안정감을 느끼는 팀이 우수한 성과를 낸다

'비(否)'란 조직의 윗사람과 아랫사람 의견이 엇갈리는 시기를 의미한다. 동상이몽에 서로 추구하는 방향이 다르고 대립각을 세울 때도 있다. 이렇게 되면 합리적인 이론이나 상식이 통하지 않으며 사안을 논의한다 해도 발전이 없다. 또 신뢰 관계가 무너지고 고독감을 느끼기 쉽다.

이러한 시기에는 정론을 피하고 분쟁을 부추기려는 자와 멀리해야 한다. 한편 『주역』에서는 리더라면 적극적으로 중재하려는 의식과 덕을 갖추어야 한다고 말한다.

최근 팀 빌딩이나 조직개발 분야에서 '심리적 안정감'이라는 개념이 주목받고 있다. 2016년 미국 구글이 '아리스토텔레스'라는 프로젝트를 실시해 수백 개가 넘는 팀을 조사·분석한 결과 생산성이 높은 팀은 심리적 안정감이 높다는 사실이 밝혀졌다. 보통 부서원의 능력이나 업무 스타일이 중요하다고 생각하기 쉽지만, 실제로는 그보다 '안심하고 발언할 수 있는' 심리적 요소가 생산성에 큰 영향을 미친다는 결론이었다.

심리적 안정감이 낮은 팀은 하나같이 실패를 감추기에 급급하다 보니 실제로도 실패하는 사례가 많다고 한다. 반

그림 13 심리적 안정감과 관련된 네 가지 불안 요인

무리라고 생각하는 불안	무지하다고 생각하는 불안	부정적이라고 생각하는 불안	방해한다고 생각하는 불안
실패나 약점을 인정하지 않거나 실수를 보고하지 않는다.	궁금한 점이 있어도 좀처럼 질문하지 못한다.	현상 비판을 하지 않거나 의견을 말하지 않게 된다.	자발적으로 발언하기 어려워진다.

출처: 에이미 에드먼슨(Amy Edmonson), '심리적 안정감을 해치는 요인과 특징 행동(TED Speech)' 중

대로 심리적 안정도가 높은 팀은 실패 사례에 대한 보고가 많이 누적된 만큼 나중에는 문제에 대비할 수 있어 실수가 줄어들 뿐 아니라 실패를 통해 경험을 쌓은 덕분에 업무의 질도 높아진다고 한다. 여기에는 그림 13의 네 가지 요소가 주로 영향을 미치는 것으로 보인다.

'심리적 안정감'이 가져오는 효과는 그 밖에도 다양하다.

- 실패를 두려워 않고 망설임 없이 자유롭게 도전할 수 있다.
- 시행착오를 장려하며 학습이 진행된다.
- 경험이 적은 부서원도 자유롭게 발언할 수 있다.

61 | 천지비 天地否

- 팀 전체가 원활하게 정보를 공유한다.

그뿐 아니라 조직에 '다양한 능력을 지닌 사람이 모여드는' 메리트도 기대할 수 있다.

심리적 안정감과 나태함은 다르다

심리적 안정감이라 하면 장점만 있는 것처럼 느껴지지만, 여기에는 일부 오해가 있다. 이를 '느슨한 조직', '부드러운 교류'가 바람직하다는 의미로 해석하면 안 된다. 구글은 전 세계의 뛰어난 인재가 모인 초일류 팀이다. 높은 목표를 설정하고 모두 자신의 연구 분야에 힘쓰며, 꾸준히 도전하는 사람들로 이루어졌다. 따라서 구글 사내에서 이루어지는 의견 교환은 속도감 넘치고 치열하며, 농구에 빗대자면 '일류 팀의 스피디한 패스'와 같다.

> "사람이 성숙해지는 속도는 그 사람이 견딜 수 있는 수치심의 정도와 비례한다."
> —더글러스 엥겔바트(Douglas Engelbart)[6]

'심리적 안정감'을 확보한다는 말은 리더십 있는 사람이 조직 구성원과 자신을 믿고 따르는 지지자의 사기를 높이는 한편, 그들의 성장을 돕고자 환경을 정비한다는 의미다. 절대 우는소리나 자기방어로 이루어지지 않는다. 우선 리더가 솔선해 강한 패스를 받을 수 있는 강인함을 지녀야 한다.

---

6 컴퓨터 마우스를 발명한 미국의 발명가.

운명을 뒤바꿀 질문 61

싸움을 중재할 때 어떤 점을 신경 쓰는가?

62

천산돈
天山遯

도망이 곧 승리인 시기.
차분하게 정세를 분석한 후 도망치는 선택지도
염두에 두라는 의미.

도무지 의견이 통하지 않는다면
도망가라, 철저하게

때로는 도망도 전략이다

'돈(遯)'이란 도망친다는 의미다. 본 괘에서는 '도망치는 덕'에 대해 설명한다. '도망은 절대 부끄러운 일이 아니며 오히려 부끄러운 모습을 보이지 않으려면 도망쳐라', '긍지를 갖고 떳떳한 방식으로 도망가라'라는 설명이 매우 흥미롭다. '물러날 때를 아는 미덕', '덕인의 은둔' 등 적절히 도망칠 힘을 지녔다는 사실은 오히려 교양인이라는 증거이기도 하다.

『손자병법』에서도 나오듯 '죽으면 끝'이다. 심각한 위기에 처하더라도 도망쳐서 인내심을 갖고 계속 싸우다 보면 길이 열릴 때도 있다. "도망친 자는 또 한 번 싸울 수 있다"라는 고대 그리스 정치가 데모스테네스(Demosthenes)의 말처럼 말이다.

몇 년 전 일본에서 인기리에 방영된 〈도망치는 건 부끄럽지만 도움이 된다〉라는 드라마가 있다. 이 드라마의 제목은 사실 헝가리 속담이다. '자신이 싸울 곳을 택하라'라는 의미로 쓰인다는 점에서 같은 조언을 전한다는 사실이 매우 흥미롭다.

물러날 때를 아는 미덕

『예기』에 나오는 '세 번 간언 후 물러나다'라는 말도 '도망의 덕'을 뜻한다. 윗사람에게 지시가 잘못됐음을 거듭 간언하더라도 받아들이지 않을 때는 깔끔하게 물러나는 것이 현명하다는 의미다. 고대 중국에서 윗사람의 뜻을 거스르는 일은 죽음과 직결되어 있었던 만큼 직언하는 것은 보통 각오로는 불가능했다.

한편 공을 세워 명성을 얻은 위인이 여지를 남기고 아랫사람을 위해 깔끔하게 길을 내준 후 유유히 떠나는 행동은 지금도 높이 평가받는 미덕이다. 하지만 현실적으로 이러한 결정을 내리기란 쉬운 일이 아니며, 이성과 높은 뜻을 지닌 훌륭한 사람만이 내릴 수 있는 결단이기도 하다. 본괘에서도 '사리사욕에 집착하는 소인에게는 무리'라고 이야기한다. '흔쾌히 당당하게 도망가는' 일은 훌륭한 리더만 할 수 있는 행동이다.

위기에 빠져 정말 아무것도 할 수 없다면 고민하지 말고 도망치자. 도망쳐야 할 때 과감히 도망치지 못하는 사람은 훌륭한 리더라고 할 수 없다. 자신을 믿고 따르는 지지자들의 안전도 확보하면서 다음 기회를 살피며 재기를 꾀해야 한다.

  따라서 위기에 대비할 때는 도망칠 길을 확보하는 일도 매우 중요하다. 그리고 업무를 완수했다면 스스로 물러날 각오를 해야 한다. 이러한 마음가짐이 없다면 지금까지 쌓아온 공적이 모두 물거품으로 돌아가고 만다.

운명을 뒤바꿀 질문 62

도망가야 할 때는 언제를 말하는가?

63

천풍구
天風姤

**젊은 이성 때문에 마음이 혼란스러운 시기.
연애 문제는 한때의 방황이
치명적 위험이 될 수 있다는 의미.**

**어느 순간에도
유혹에 휘둘리지 마라**

이성의 매력에 결코 흔들리지 마라

'여난(女難)의 상(相)'이 나오는 시기다. 남녀를 떠나 현대사회에서도 리더의 이성 문제는 치명적이다. 매력적인 이성에게 홀려 이리저리 휘둘리다가 결국 불행에 빠지고 이용 가치가 없어지면 버림받는다. 본 괘에서는 이성의 매력 혹은 유혹에 빠진다면 일의 본질이 퇴색되고 판단력이 흐려질 수 있음을 경고한다.

수천 년 전 충고가 지금도 변함없이 통용되는 걸 보면 인간은 좀처럼 성장하지 않는 존재 같다. 한때의 치기로 극단까지 치달으면 비참한 운명이 기다릴 뿐이다. 상황을 냉정하게 파악하고 다소 과할 정도로 주의해야 한다.

역사적으로도 마성의 남녀 이야기가 등장한다. 중국 삼대 악녀로 꼽히는 하(夏)나라 걸왕(桀王)의 말희(末喜), 은(殷)나라 주왕(紂王)의 달기(妲己) 등이 대표적이다. '경국지색'이라 불리던 여성에게 빠진 왕은 정치를 소홀히 하고 타락해 끝내 나라가 멸망하고 말았다(단, 이는 나라를 멸망시킨 상대방이 기술한 역사인 만큼 전 정권에 대해 비판한 부분임을 고려해야 한다. 역사는 '이긴 자의 기록'이기 때문이다.).

마성의 매력을 지닌 이성에게 빠지면 인생이 송두리째

망가질 수도 있으니 주의해야 한다는 교훈을 전한다. 대비가 필요한 위기에는 연애 문제도 포함되어 있다. 이는 내면의 문제인 만큼 스스로 관리하는 방법 외에는 별다른 대책이 없다는 사실도 명심해야 한다.

운명을 뒤바꿀 질문 63

어떤 상황에서 이성을 잃기 쉬운가?

64

지천태
地天泰

천하태평에 만사가 순조로운 시기지만
모든 일에 완성이란 없다.
평평한 것은 다시 기울기 마련이므로
대비하라는 의미.

**일이 안정되면 자신에게는 엄격하게,
타인에게는 부드럽게 변화를 모색하라**

평안할 때일수록 주의하고 대비하라

마지막으로 소개할 '태(泰)'는 수많은 위기를 거친 후 마침내 천하태평 상태에 이른 모습을 가리키는 괘다. 한자 뜻이 길하다 해서 역자가 선호하는 괘이며, 역점 깃발에 새기는 일이 많다.

본 괘는 훌륭한 대인이 모이고 소인이 물러가는 시기다. 인간관계가 화기애애하고 협조적이며 만사가 순조롭다. 하지만 이러한 시기는 어느 시대에서나 그리 오래가지 않는다. 차면 곧 기우는 달과 같은 음양의 순환, '거만한 자는 오래가지 못하는' 흥망성쇠가 곧 세상의 이치다. 겸허한 마음으로 현상을 유지하며 평안한 시기가 가능한 한 오래 가도록 노력해야 한다.

『주역』에서 말하는 최고의 태도는 '시중·중용'이다. 음양의 관점에서 각각의 상황을 파악해 적절한 행동을 취해야 한다.

아무리 실적이 좋아도 많은 기업에서 '현상 불만족', '끝없는 개선' 등의 내용을 경영 이념으로 내세우는 이유도 여기에 있다. '시중·중용'이라는 음양의 관점에서 바라보면 이해되는 역설적 명언이 많다.

"과감히 실패를 무릅쓰지 않는다면 진심으로 혁신에 임한다고 할 수 없다. 성공의 지름길은 실패 확률을 두 배로 늘리는 것이다." —IBM

"어려워서 도전하지 않는 것이 아니라 도전하려 하지 않아서 어려운 것이다." —루키우스 안나이우스 세네카(Lucius Annaeus Seneca)

"용기란 앉아서 귀를 기울이는 것이다." —윈스턴 처칠

음양의 관점에서 본 태평 시대의 이면

대표적인 천하태평 사례로는 300년이 넘게 평화로운 에도 시대를 유지한 도쿠가와 이에야스의 위업을 들 수 있다. 하지만 음양의 관점에서 그 이면을 들여다보면 태평 시대에는 지나치게 질서가 잡혀 있던 탓에 역설적으로 젊은이들이 '하극상을 꿈꾸지 않는 시대'이기도 했다.

주자학 교육은 도쿠가와 이에야스의 통치 전략 중 하나였다. 주자학은 중국 남송 시대에 주희가 확립한 새로운 유교 학설로 도덕을 중시하고 세상의 질서를 강화하는 데 매우 효과적이었다. 특히 '부자군신상하유별(父子君臣の上下の別)[7]'을 강조하며 정치적으로 이용함으로써 아버지와 군주에 대한 절대복종을 강조한다는 점이 특징이다.

즉 도쿠가와 이에야스의 정책은 세간의 질서를 유지한다는 측면에서는 효과적이었던 반면, 혈기 왕성한 젊은이들을 억압해 '꿈꾸지 못하게 하는' 측면도 있었다.

중국에서는 주자학에 대항하고자 양명학이 국학 형태로 부상했다. 양명학은 명나라 왕양명(王陽明, 1472~1529년)이 확립한 새로운 유교의 한 파로 '양지(良知)', 즉 '사람으로 태어나면서 지닌 마음'을 중시하는 학문이다. 양지는 '지행합일'을 슬로건으로 내걸고 '안다면 행하라'고 주장했다. 이처럼 양명학은 주자학에 반론을 제기하며 체제 비판으로 이어질 위험성이 있었던 만큼 중국 본토에서는 널리 퍼지지 못했다.

한편 양명학은 일본으로 유입되면서 큰 영향력을 행사하게 된다. 막부도 1790년에는 '간세이 이학의 금(寬政異学の禁)[8]'이라고 해 탄압 대상으로 삼았으며 주자학을 배우도록 철저히 감시했다. 하지만 양명학을 배우는 자들은 끈질기게 살아남았고, 메이지유신이 일어나기 30년 전인

---

7 본래 부자와 군신을 구별하고 상하의 질서를 중시하는 사상이나 막부 말기에는 일왕에 대한 충성을 요구하는 대의명분론(大義名分論)으로 변질됨.

8 '간세이'는 에도 중기의 일본 연호 중 하나.

1837년 '오시오 헤이하치로의 난(大塩平八郎の乱)[9]'이 일어난다. 양명학은 개인의 존재를 중시하고 용기 있는 행동을 촉구했기 때문에 일본에서도 반체제운동의 색채가 뚜렷하게 나타났다.

여기서 역사의 아이러니가 발생한다. 계기는 미토학(水戶学)이었다. 미토학은 시대를 거슬러 올라가 도쿠가와 이에야스의 손자이자 '신군 이에야스공(神君家康公)[10]의 환생'이라고 불린 미토 고몬(水戶黃門)[11], 즉 도쿠가와 미쓰쿠니(德川光圀, 1628~1701년)가 미토번의 무사에게 『대일본사(大日本史)』 편찬을 지시하면서 시작된다. 미토 도쿠가와 가문의 정체성을 알리기 위해 편찬하려 했으나 막부 말에 이르러서도 여전히 작성 중이었으며 완성까지 250년 이상이 걸렸다.

이러한 상황 속에서도 오랜 세월 연구를 계속한 결과 마침내 빛을 보았고 막부 말에는 전국에서 미토학을 배우고

---

9 양명학 학자이자 하급 관리인 오시오 헤이하치로가 전국적인 대기근 속에서도 민중을 외면한 막부에 대항해 일으킨 봉기.
10 도쿠가와 이에야스 사후 존경을 담아 붙인 별칭.
11 본래 미토번의 번주이자 주나곤(中納言, 다이나곤보다 아래 직급으로 권한이 한정됨)을 지낸 인물의 총칭이나 현재는 보통 도쿠가와 미쓰쿠니를 의미함.

자 하는 사람들이 몰려들 정도로 인기를 얻었다. 특히 아이자와 세이시사이(会沢正志斎)가 저술한 『신론(新論)』은 지금으로 치면 베스트셀러가 되어 크게 유행했고, 이후 후지타 도고(藤田東湖)의 〈정기가(正気の歌)[12]〉는 전국의 존왕양이 지사들이 즐겨 불렀다고 전해진다.

한편 이러한 사회적 분위기는 젊은 개혁가들에게 영향을 미쳤고 막부 타도라는 대의명분을 주게 된다. 본래의 정당한 '왕도'는 황실에 있으며 도쿠가와 막부는 이를 따르는 무관으로서 임무를 다해야 그 자리를 지킬 수 있다는 군신 상하의 도덕을 명분으로 삼은 것이다.

도쿠가와 미쓰쿠니의 궁극적 의도는 '존왕'의 미덕을 장려하는 일이었다. 하지만 개혁가들에게는 '황실을 신실하게 경배하지 않고 무관으로서 양이의 임무를 다하지 않는 막부는 쓰러뜨려 마땅하다'라는 막부 타도를 위한 절호의 기회를 마련하는 계기가 됐으며, 이른바 '사상 최악의 폭로서' 같은 존재가 되어버렸다.

하지만 도쿠가와 미쓰쿠니도 반성할 점이 있었다. 바로

---

12 충군애국 정신으로 나라를 지키겠다는 노래.

도쿠가와 미쓰쿠니의 높은 뜻 이면에 도사린 '불순한 야심'이다. 미토번은 고산케이기는 하나 '고몬은 곧 주나곤', 즉 '만년 이인자'로 쇼군을 배출할 수 없는 가문이었다. 도쿠가와 이에야스의 환생을 자처하는 도쿠가와 미쓰쿠니에게 주나곤이라는 신분은 저주스러운 숙명이었다. 당시는 평화의 시대로 야심은 좀처럼 이루어지기 어려웠다. 그 대신 『대일본사』를 집필함으로써 쇼군을 비롯한 막부의 수뇌부, 전국의 무사까지 모두 도덕적인 면에서 자신의 통제하에 두고 싶었던 것은 아니었을까?

도쿠가와 미쓰쿠니의 숙원은 막부 말 미토 도쿠가와 가문 출신인 도쿠가와 요시노부가 쇼군으로 취임하면서 이루어지는데, 이때 불똥이 튄 상대는 본래 제1 계승권자임에도 쇼군이 되지 못한 오와리 번주인 도쿠가와 요시카쓰였다. 하지만 도쿠가와 요시카쓰는 도쿠가와 요시노부와 사촌 관계였으며 도쿠가와 집안의 두 사람이 선조 도쿠가와 미쓰쿠니의 감춰진 야심의 대가를 치렀다는 사실도 역사적인 아이러니다.

이처럼 일본에서 300년가량 이어진 천하태평의 시대까지 완성형이 아니었으며, 음양을 둘러싼 대순환 속 일시적인 안정기에 불과했다. 그 이후에는 '평평한 것은 결국 기우는' 것처럼 변화가 일어났기 때문이다. 이러한 점에서 『주역』이 전하는 광대한 가르침에 그저 숙연해질 뿐이다.

훌륭한 리더가 위기에 대비한다는 말은 천하가 태평해 모두 안심하고 있을 때도 미래의 변화를 예측하고 수많은 조짐을 예민하게 읽어내며 방심하지 않는다는 뜻이다. 이러한 마음가짐을 지닌 사람이야말로 진정한 태평 시대를 유지할 수 있다.

운명을 뒤바꿀 질문 64

**이 책을 읽은 후 깨달은
'사람을 이끄는 가르침'은 무엇인가?**

마치며

거인의 어깨에서 세상을 읽다

마지막까지 읽어주어 감사드린다.

공자, 노자, 선종과 관련된 예는 그렇다 쳐도 『주역』과 거의 연관이 없어 보이는 영국의 설화, 현대 경영학의 로밍거 법칙까지 나오자 '너무 간 거 아닌가?' 하며 어리둥절해한 분들도 적지 않을 것이다. 하지만 여기까지 읽은 독자라면 알 수 있듯 『주역』에 나오는 내용은 '너무 당연해서 오히려 난해'한 탓에 자신의 인생에 대입해보거나 각 시대에 맞는 예 등을 더해가며 알기 쉽게 해석할 필요가 있다. 누가 그런 일을 할 것이냐고 묻는다면 『주역』에 빠져든 사람, 바로 현대의 우리 자신들이다.

이처럼 『주역』은 시대가 변함에 따라 해설과 예시가 추가되면서 끊임없이 확장해가고 있으며, 마치 프랙털 구조처럼 '영원히 미완성인 상태로 끊임없이 성장하는 책'이라고 할 수 있다. 따라서 앞으로는 우리가 이해하기 쉽도록 다듬어서 후세에 전해야 한다.

 이 책을 읽고 『주역』의 '입구'에 선 후 더 깊이 있게 이해하고자 하는 독자는 필자의 스승인 다케무라 아키코의 저서를 비롯해 훌륭한 책이 아주 많은 만큼 꾸준히 도전하길 바란다. 이 책들은 위대한 연구 실적이다. '거인의 어깨'라고도 하는 선조들이 축적한 성과물인 『주역』을 맛볼 수 있음에 감사하며 계속 함께 등반해나갔으면 한다.

부록

재미로 해보는 역점

 '군자는 점치지 아니한다'라고는 하나 인과관계의 이치를 쉽게 이해하고 싶거나 가끔 홀로 연습하고 싶다면 점을 쳐보는 것도 가벼운 여흥이 될 수 있다. 필자가 아는 선에서는 다음과 같은 방법이 가장 간단하고 해볼 만하다.

❶ 10원짜리 동전 5개와 100원짜리 동전 1개를 준비한다.
❷ 눈을 감고 양손으로 동전 6개를 감싸 흔들어 섞는다.
❸ 질문 내용을 되도록 구체적으로 머릿속에 그리면서 정신을 집중한다.

그림 14 간단히 역점 보는 법 예시

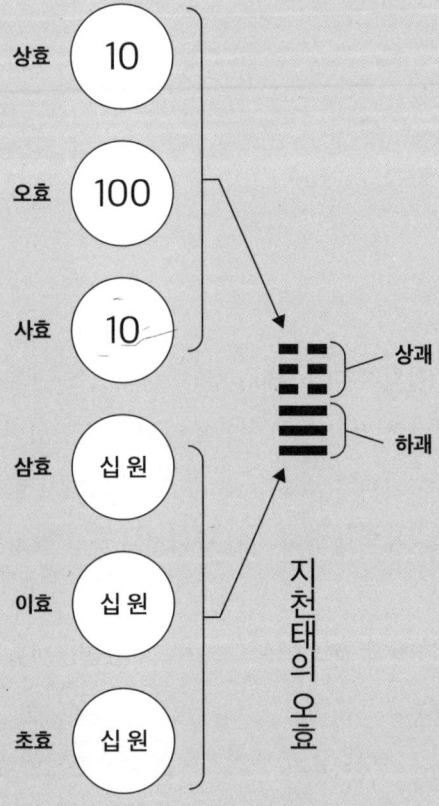

❹ 질문이 명확해지면 그림 14처럼 동전 6개를 순서대로 아래부터 위로 나열한다.
❺ 위쪽의 3개가 상괘, 아래쪽 3개가 하괘가 되며, 앞·뒷면의 괘 이름을 100원짜리 위치부터 효를 살펴본다. '한글'이 앞면으로 양(━), '아라비아숫자'가 뒷면으로 음(--)이 된다.
❻ 그림 1 '역의 64괘'에서 해당하는 괘를 찾아 해당 페이지로 가서 해설을 읽어본다.
효의 위치가 지닌 의미와 더 자세한 설명이 필요할 경우 책 마지막 부분의 참고 서적을 통해 상세 해설을 알 수 있으므로 읽어보기를 추천한다.

참고 문헌

竹村亞希子, 『人生に生かす易経』, 致知出版社.

竹村亞希子, 『経営に生かす易経』, 致知出版社.

竹村亞希子, 『「易経」一日一言』, 致知出版社.

竹村亞希子, 『超訳易経 陰』, 新泉社.

竹村亞希子, 『超訳易経 陽』, 新泉社.

竹村亞希子, 『春の来ない冬はない 時の変化の法則の書「易経」のおしえ』, 実業之日本社.

高田眞治, 後藤基巳 訳, 『易経』, 岩波書店.

加地伸行, 『易の世界』, 中央公論社.

公田連太郎, 『易経講話』, 明徳出版社.

加藤大岳, 『易學大講座』, 紀元書房.

本田濟, 『易』, 朝日新聞出版.

竹内好, 松枝茂夫 監修, 丸山松幸 訳, 『易経(中国の思想)』, 徳間書店.

熊崎健翁, 加藤大岳 校訂, 『易占の神秘』, 紀元書房.

加地伸行,『論語』, 講談社.

加地伸行,『韓非子 悪とは何か』, 産経新聞出版.

林田明大,『真説「陽明学」入門―黄金の国の人間学』, 三五館.

守屋洋,『世界最高の人生哲学 老子』, SBクリエイティブ.

守屋洋,『孫子の兵法』, 三笠書房.

司馬遷,『史記』, 筑摩書房.

守屋洋,『貞観政要』, 筑摩書房.

守屋淳,『最高の戦略教科書 孫子』, 日本経済新聞社.

岡本隆三,『男子一日に百戦す―韓非子』, プレジデント社.

網野善彦,『日本の歴史をよみなおす』, 筑摩書房. [아미노 요시히코 지음, 임경택 옮김,『일본의 역사를 새로 읽는다』, 돌베개, 2015.]

網野善彦,『歴史を考えるヒント』, 新潮社.

阿部國治,『新釈古事記伝』, 致知出版社.

公方俊良『一休禅師の発想』, 三笠書房.

芳澤勝弘,『一休宗純『狂雲集』再考』, 春秋社.

芳澤勝弘,『白隠 禅画の世界』, KADOKAWA.

芳澤勝弘,『白隠禅画をよむ―面白うてやがて身にしむその深さ』, ウェッジ.

山田済斎 編集,『西郷南洲遺訓:付 手抄言志録及遺文』, 岩波書店.

吉田松陰 著, 古川薫 訳,『留魂録』, 徳間書店.

佐藤一斎 著, 久須本文雄 訳, 細川景一 編集,『「言志四録」心の名言集』, 講談社. [사토 잇사이 지음, 노만수 옮김,『언지록』, 알렙, 2017.]

内村鑑三 著, 鈴木範久 訳,『代表的日本人』, 岩波書店. [우치무라 간조 지음, 조양욱 옮김,『대표적 일본인』, 기파랑, 2011.]

池田貴将,『覚悟の磨き方 超訳 吉田松陰』, サンクチュアリ出版.

NHKプラネット中部,『写真家大名・徳川慶勝の幕末維新』, 日本放送出版協会.

渡辺博史,『幕末尾張藩の深慮遠謀―御三家筆頭の尾張が本当に何もしていなかったのか』, ブックショップマイタウン.

熊谷充晃,『教科書には載っていない! 幕末の大誤解』, 彩図社.

宮本常一,『忘れられた日本人』, 岩波書店.

山本七平,『日本人の人生観』, 講談社.

山本七平,『「空気」の研究』, 文藝春秋. [야마모토 시치헤이 지음, 박용민 옮김, 『공기의 연구』, 헤이북스, 2018.]

森信三,『修身教授録』, 致知出版社.

小堀聡,『京急沿線の近現代史』, クロスカルチャー出版.

小堀聡,『日本のエネルギー革命——資源小国の近現代』, 名古屋大学出版会.

中島裕喜,『日本の電子部品産業——国際競争優位を生み出したもの』, 名古屋大学出版会.

ピーター・ドラッカー 著, 有賀裕子 訳,『マネジメント務め、責任、実践Ⅲ』, 日経ＢＰ.

モーガン マッコール 著, 金井壽宏 監訳, リクルートワークス研究所 訳,『ハイ・フライヤー——次世代リーダーの育成法』, プレジデント社.

ヘンリー・ミンツバーグ 著, 奥村哲史, 須貝栄 訳,『マネジャーの仕事』, 白桃書房.

ヘンリー・ミンツバーグ、ブルース・アルストランド、ジョセフ・ランペル 著, 齋藤嘉則 監訳,『戦略サファリ 第2版』, 東洋経済新報社. [헨리 민츠버그, 브루스 알스트랜드, 조셉 램펠 지음, 이동현 감수, 윤규상 옮김,『전략 사파리』, 비즈니스맵, 2012.]

エドガー・シャイン 著, 梅津祐良, 横山哲夫 訳,『組織文化とリーダーシップ』, 白桃書房.

マーティ・リンスキー、ロナルド・A・ハイフェッツ 著, 竹中平蔵 監訳,『最前線のリーダーシップ』, ファーストプレス. [마티 린스키, 로널드 A. 하이패츠 지음, 임창희 옮김,『실행의 리더십』, 위즈덤하우스, 2006.]

チャールズ・A・オライリー、マイケル・L・タッシュマン 著, 入山章栄 監訳・解説, 冨山和彦 解説, 渡部典子 訳,『両利きの経営』, 東洋経済新報社. [찰스

오라일리, 마이클 투시먼 지음, 조미라 옮김, 『리드 앤 디스럽트』, 처음북스, 2020.]

入山章栄, 『世界標準の経営理論』, ダイヤモンド社.

矢野和男, 『予測不能の時代 データが明かす新たな生き方、企業、そして幸せ』, 草思社.

平野光俊, 江夏幾多郎, 『人事管理―人と企業、ともに活きるために』, 有斐閣.

江夏幾多郎, 『人事評価の「曖昧」と「納得」』, NHK出版.

金井壽宏, 『仕事で「一皮むける」 関経連「一皮むけた経験」に学ぶ』, 光文社.

小池和男, 『日本企業の人材形成』, 中央公論社.

小池和男, 猪木武徳 編著, 『ホワイトカラーの人材形成 日米英独の比較』, 東洋経済新報社.

中原淳, 中村和彦, 『組織開発の探究 理論に学び、実践に活かす』, ダイヤモンド社.

野中郁次郎, 『知識創造の経営 日本企業のエピステモロジー』, 日本経済新聞社.

加藤貴之, 『DX時代のセミナー講師スキルアップ&データ分析・活用講座』, 日本法令.

加藤貴之, 『人事・総務担当者のためのハラスメント研修設計・実践ハンドブック』, 日本法令.

加藤貴之, 『ストレス解消ハンドブック』, PHP研究所.

松岡保昌, 『こうして社員は、やる気を失っていく』, 日本実業出版社.

堀公俊, 『ファシリテーション入門』, 日本経済新聞出版. [호리 기미토시 지음, 임해성 옮김, 『퍼실리테이션 테크닉 65』, 비즈니스맵, 2014.]

井上義和, 牧野智和 編著, 中野民夫, 中原淳, 中村和彦, 田村哲樹, 小針誠, 元濱奈穂子 著, 『ファシリテーションとは何か―コミュニケーション幻想を超えて』, ナカニシヤ出版.

津村俊充, 『プロセス・エデュケーション 学びを支援するファシリテーションの理論と実際』, 金子書房.

加藤彰, 『「60分」図解トレーニング ロジカル・ファシリテーション』, PHP研究所.

安斎勇樹, 塩瀬隆之, 『問いのデザイン 創造的対話のファシリテーション』, 学芸出版社.

西口一希, 『マーケティングを学んだけれど、どう使えばいいかわからない人へ』, 日本実業出版社.

稲盛和夫, 『生き方』, サンマーク出版. [이나모리 가즈오 지음, 김윤경 옮김, 『어떻게 살아야 하는가』, 다산북스, 2022.]

稲盛和夫, 『稲盛和夫の実学──経営と会計』, 日本経済新聞出版.

稲盛和夫, 『京セラフィロソフィ』, サンマーク出版. [이나모리 가즈오 지음, 유윤한 옮김, 『바위를 들어올려라』, 서울문화사, 2015.]

清水康一朗, 『絆徳経営のすゝめ〜100年続く一流企業は、なぜ絆と徳を大切にするのか？〜』, フローラル出版.

栗山英樹, 『栗山ノート』, 光文社.

福島祥郎、椎名勲, 『今をどう生きるか あなたを変える "和"のちから』, 日刊工業新聞社.

ソニア・リュボミアスキー 著, 渡辺誠 監修, 金井真弓 訳, 『幸せがずっと続く12の行動習慣』, 日本実業出版社. [소냐 류보머스키 지음, 오혜경 옮김, 『How to be happy』, 지식노마드, 2007.]

伊藤裕, 『幸福寿命 ホルモンと腸内細菌が導く100年人生』, 朝日新聞出版.

ミルトン 著, 平井正穂 訳, 『失楽園』, 岩波書店.

伊藤裕, 『臓器の時間』, 祥伝社. [이토 히로시 지음, 유가영 옮김, 『건강 100세, 장과 신장이 결정한다』, 매일경제신문사, 2016.]

桜井章一, 『運を超えた本当の強さ』, 日本実業出版社.

桜井章一, 『「自然体」がいちばん強い』, 日本実業出版社.

瀧本哲史, 『ミライの授業』, 講談社.

瀧本哲史, 『武器としての交渉思考』, 星海社.

瀧本哲史,『君に友だちはいらない』, 講談社.
近藤麻理恵,『人生がときめく片づけの魔法』, サンマーク出版. [곤도 마리에 지음, 홍성민 옮김,『곤도 마리에 정리의 힘』, 웅진지식하우스, 2020.]
橘玲,『バカと無知』, 新潮社.
原邦雄,『今すぐできる! 今すぐ変わる!「ほめ育」マネジメント』, PHP研究所.

옮긴이 류휘

일본어 전문 번역가. 다양한 책을 접하고 좋은 역서를 독자에게 전달하고자 글밥 아카데미 일본어 출판번역 과정을 수료했다. 현재 바른번역 소속 번역가로 활동 중이다.

거인들은 주역에서 답을 찾는다

초판 1쇄 발행 2024년 10월 1일
초판 2쇄 발행 2024년 11월 4일

지은이 오구라 고이치　**옮긴이** 류휘

발행인 이봉주　**단행본사업본부장** 신동해
편집장 김예원　**책임편집** 강혜지
디자인 studio forb　**교정** 이정현
마케팅 최혜진 백미숙　**홍보** 반여진
국제업무 김은정 김지민　**제작** 정석훈

브랜드 웅진지식하우스
주소 경기도 파주시 회동길 20
문의전화 031-956-7351(편집) 031-956-7129(마케팅)
홈페이지 www.wjbooks.co.kr
인스타그램 www.instagram.com/woongjin_readers
페이스북 www.facebook.com/woongjinreaders
블로그 blog.naver.com/wj_booking

발행처 (주)웅진씽크빅
출판신고 1980년 3월 29일 제 406-2007-000046호
한국어판 출판권 ⓒ (주)웅진씽크빅, 2024
ISBN 978-89-01-28759-1 (03190)

- 웅진지식하우스는 (주)웅진씽크빅 단행본사업본부의 브랜드입니다.
- 저작권법에 의해 한국 내에서 보호를 받는 저작물이므로 무단 전재와 무단 복제를 금지하며, 이 책 내용의 전부 또는 일부를 이용하려면 반드시 저작권자와 (주)웅진씽크빅의 서면 동의를 받아야 합니다.
- 책값은 뒤표지에 있습니다.
- 잘못된 책은 구입하신 곳에서 바꾸어드립니다.